Der zweite Schlag

Titelbild:	Hans Zlöbl in „*Hot Dogs*" (Foto: Leo Himsl)
Bildnachweis:	Alle Fotos stammen aus den Archiven der Verfasser außer den namentlich gekennzeichneten Photos von Leo Himsl.
Satz, Layout, Illustration:	Verlag & Computergrafik • Johanna Widmaier • Mundelsheim

1. Auflage 1997

ISBN 3-926807-57-1

© by Panico Alpinverlag
Golterstrasse 12
D-73257 Köngen
Tel. (0 70 24) 8 27 80
Fax. (0 70 24) 8 43 77

printed: die Bühlersche
Grafik & Druck OHG
Beim Tiergarten 5
D-72574 Bad Urach
Tel. (0 71 25) 14 43 - 0
Fax. (0 71 25) 14 43 - 1

Die Beschreibung aller Wege und Routen erfolgte nach bestem Wissen und Gewissen. Die Autoren, der Verlag oder sonstige am Führer beteiligte Personen übernehmen jedoch für Ihre Angaben keine Gewähr. Die Benutzung des vorliegenden Führers geschieht auf eigenes Risiko.

Inhaltsverzeichnis

Impressum	Seite	4
Inhaltsverzeichnis	Seite	5
Vorwort	Seite	7
Gebrauch des Führers	Seite	8
Material, Wetter, Abseilen	Seite	10
Sicherheit beim Eisklettern	Seite	12
Schwierigkeitsbewertung	Seite	14
Gebietsübersicht	Seite	16
Übersichtskarte	Seite	16

A. Salzburg und Umgebung

	Gebietsübersicht	Seite	18
	Gebietskarte A	Seite	18
A1	Saalfelden	Seite	19
A2	Königssee	Seite	20
A3	Untersberg	Seite	22
A4	Schneizelreuth	Seite	24
A5	Hintersee	Seite	28
A6	Wiestal	Seite	30

B. Tennengebirge und Radstädter Tauern

	Gebietsübersicht	Seite	34
	Gebietskarte B	Seite	35
B1	Salzachtal	Seite	36
B2	Obertauern - Untertauern	Seite	41
B3	Flachau Winkel	Seite	42
B4	Schellgaden	Seite	44
B5	Wagrain und Umgebung	Seite	46
B6	Großarltal	Seite	52
B7	Taxenbach und Umgebung	Seite	62

C. Gasteiner Tal

	Gebietsübersicht	Seite	66
	Gebietskarte C	Seite	66
C1	Klammstein bis Bad Gastein	Seite	68
C2	Bad Gastein bis Böckstein	Seite	84
C3	Böckstein bis Sportgastein	Seite	88
C4	Sportgastein - Siglitztal	Seite	102
C5	Bad Gastein - Kötschachtal	Seite	108
C6	Böckstein - Anlauftal	Seite	124

D. Kaprun - Felbertauern

	Gebietsübersicht	Seite	138
	Gebietskarte D	Seite	139
D1	Felbertauern	Seite	140
D2	Unteres Stubachtal	Seite	143
D3	Oberes Stubachtal - Enzingerboden	Seite	144
D4	Sigmund-Thun-Klamm	Seite	158

Vorwort

Es ist soweit - den Schreibstift zur Seite legen und endlich wieder ins Eis gehen. Viel Zeit habe ich damit verbracht, Topos zu zeichnen, Routen und Abstiege zu beschreiben, Erstbegehernamen zu recherchieren. Außer dem Büchlein „Sicher Eisklettern" von James Skone und dem Gästebuch im Gasthof „zur Ruine" in Klammstein, konnte ich auf so gut wie keine Aufzeichnungen über Eisklettereien in den 80er-Jahren zurückgreifen. Die aufgeführten Routen wurden jedoch fast alle von den Autoren geklettert und sämtliche Angaben nach bestem Wissen und Gewissen in diesen Führer eingebracht.

An dieser Stelle möchte ich mich bei allen herzlich bedanken, die zum Gelingen dieses Büchleins beigetragen haben. Ein spezielles Dankeschön gilt Achim Pasold und seiner Topofee Johanna Widmaier. Bei Ihnen hatte ich das Gefühl, daß nicht die zu erwartenden Verkaufszahlen, sondern die Freude am Schaffen eines neuen Werks im Vordergrund stehen. Besonders bei Achim schien mir das entscheidende Kriterium für angehende Autoren die bestandene Aufnahmeprüfung im senkrechten Gemäuer der Kesselwand auf der Schwäbischen Alb.

Bei der sich ständig verändernden Materie Eis und den zum Teil großen objektiven Gefahren, kann der vorliegende Führer nur als Anhaltspunkt für die Tourenplanung dienen. Man muß beim Eisklettern unbedingt die gewohnte lässige Sportklettermentalität abstreifen, muß sich davon verabschieden, daß jede Bohrhaken-Rettungsinsel fix vorgegeben ist und daß es genügt, erst um zehn Uhr morgens durchs Gelände zu stolpern. Mit offenen Augen und hellwachem Verstand müssen im Eis die augenblicklich gegebenen Verhältnisse und das eigene Können immer wieder auf´s neue realistisch eingeschätzt werden.

Schwierigkeitsbewertung und Rotpunkt-Klettern haben auch beim Eisklettern ihre Berechtigung. Nur so ist es möglich, Gebiete beziehungsweise das Können der Kletterer zu vergleichen. Doch soll der Leistungsvergleich nicht die Haupttriebfeder sein, denn wie schon ein deutscher Spitzenkletterer so treffend bemerkte: Es ist allemal besser, sich einen Moment in den Eisgeräten auszuruhen, als „rotpunkt" ins Krankenhaus zu fliegen.

Ich wünsche allen Eiskletterfans im Gasteinertal und in den anderen beschriebenen Gebieten eine tolle Zeit. Sicher wird jeder - vom Neuling bis zum Spitzenkönner - bei der Suche nach seiner ganz persönlichen Herausforderung in diesem Führer fündig werden.

Hans Zlöbl

Zum Gebrauch des Führers

Der Führer ist mit Fotos und Topos ähnlich aufgebaut wie ein moderner Kletterführer. Dazu kommt jeweils ein Kurzbeschrieb und wenn möglich eine Übersichtsskizze zu jedem Gebiet.
Eisfälle sind im gefrorenen Zustand meist sehr gut sichtbar. Es gilt jedoch zu beachten, daß sie im Aussehen von Jahr zu Jahr etwas variieren können. Bei normalen Verhältnissen bleiben sich die Schwierigkeiten jedoch in etwa gleich.

Anfahrt	Wo möglich wird die Anreise mit öffentlichen Verkehrsmitteln beschrieben.
Unterkunft	Da es beim Eisfallklettern oft naß und kalt ist, ist man um eine etwas luxuriösere Unterkunft als beim Sportklettern froh. Solche zu ergattern dürfte kein Problem darstellen, bewegen wir uns im Gebiet des vorliegenden Führers doch in touristisch bestens erschlossenem Terrain.
Zustieg	Hier wird der übliche Zugang zum Eisfall beschrieben.
Karte	An dieser Stelle stehen Kartenempfehlungen zum entsprechenden Gebiet. Wir haben uns hier im allgemeinen auf die Österreichischen Landeskarten (1:50 000) beschränkt. Für das Gasteiner Tal würde man allerdings 3 bis 4 Karten benötigen, weshalb dort eine andere Karte mit aufgeführt wird. Eine Anmerkung zu den vorliegenden Kartenskizzen sei ebenfalls gestattet. Sie sollen nur zur Orientierung und keinesfalls als Kartenersatz dienen.
Ausrichtung	Sollte bei der Tourenplanung beachtet werden.
Routen	Soweit bekannt der Name der Route und anschließend die Namen der Erstbegeher.
Schwierigkeit	Schwierigkeitsgrad und eine kurze Charakteristik.
Abstieg	Wenn möglich wird ein Fußabstieg beschrieben. Es heißt aber nicht, daß dieser immer lawinensicher ist. Wenn "abseilen" angegeben ist, müssen die Abseilstellen teilweise selber eingerichtet werden. Oft sind die Abseilpisten jedoch fix eingerichtet. Die Topos geben Auskunft.
Beste Zeit	Es handelt sich um Erfahrungswerte, die im Zeitalter des Treibhauseffektes auch total daneben liegen können.

33 WEGE IN EINE VERSUNKENE WELT
Sagenhaft Wandern

"Der Lindwurm im Tappenkarsee", "Wildfrauen in der Tiefsteinklamm" oder "die Übergossenen Alm auf dem Hochkönig" – 33 Wege in eine versunkene Welt stellt der Sagenwanderführer aus dem *SalzburgerLand* vor. Jede Wanderung beginnt mit einer Erzählung über Ursprung und Entwicklung der mystischen Geschichten. Ein spezieller Informationskasten enthält die Wegbeschreibung, Gehzeit, Einkehrmöglichkeiten und Info-Adressen. Die Wanderungen reichen von leichten Familienwanderungen bis zur anspruchsvollen Hochtour. Der 84seitige Sagenwanderführer ist zum Preis von öS 139,–/DM 19,80 (plus Porto) erhältlich.

Wandern und Trekking

Mehrtätige Wanderungen sind im Katalog "Wandern und Trekking im *SalzburgerLand*" zu finden. Tourenwochen von Ort zu Ort, von Hütte zu Hütte für jeden Geschmack und jede Altersgruppe. Katalog kostenlos anfordern!

A-5300 Hallwang bei Salzburg · Postfach 1 · Tel. (00 43)/(0)662 / 66 88-0 · Fax 66 88-66
e-mail: info@szgtour.co.at · Internet: http://www.szgtour.co.at/guide

Material

Eisfallklettern ist eine Materialschlacht bei der es extrem wichtig ist, mit möglichst perfekter Ausrüstung zu klettern. Führerpickel sind gut zum Stufenschlagen, zum Steileisklettern aber kaum geeignet. Bei den Ankerpickeln ist es umgekehrt. Fast alljährlich bieten die Hersteller neue Modelle an. Welches davon das ultimativ beste sei, ist die Glaubensfrage der Eisfreaks. Schnellverschlüsse an den Steigeisen haben sich restlos durchgesetzt. Im Röhreneis haben sich Monozacker erstaunlich gut bewährt. Snargs (Schlagschrauben) sind grundsätzlich nostalgisch, können aber bei extrem tiefen Temperaturen gute Dienste leisten, und sind als Hebel zum Eindrehen von Eisschrauben gut zu gebrauchen. Bei Eisschrauben lohnt es sich, etwas mehr Geld auszugeben, wobei sich der Preis über die Oberflächenqualität regelt. Je glatter, desto mehr. Wer einmal eine Chrom-Molybdän-Schraube eingedreht hat, wird kaum jemals wieder mit einer Titanschraube hantieren wollen. Ein Helm gehört beim Eisklettern grundsätzlich immer auf den Kopf. Imprägnierte Seile vereisen deutlich weniger und sind so zum Klettern und Abseilen angenehmer.

Wetter

Eisfallklettern hat den Vorteil, daß man grundsätzlich bei jedem Wetter klettern kann. Zumindest, solange das Eis nicht dahinschmilzt. Trotzdem gibt es kaum eine Disziplin im Bergsport, in der die Verhältnisse eine wichtigere Rolle spielen. Entscheidend ist fast immer die Temperatur. Dabei genügt es meistens nicht, daß die Temperatur über längere Zeiträume weg tief bleibt, denn Kompakteis bildet sich üblicherweise durch schmelzendes und dann wieder gefrierendes Wasser. Es gibt allerdings auch Wasserfälle, die wegen des vielen Wassers nur bei extremer Kälte gefrieren. Viel Schnee im Frühwinter wirkt isolierend und verhindert eine regelmäßige Eisbildung. Daß ganze Eisfälle wegen zu tiefer Temperaturen einstürzen, kommt selten vor. Gefährlicher wirkt sich dagegen eine plötzliche Erwärmung (z.B. Föhn) aus. Starker Schneefall kann beim Klettern lästig sein, stört aber vor allem in steileren Routen nicht besonders. Dafür aber um so mehr beim Abstieg, wenn plötzlich alle Hänge lawinengefährlich sind.

Abseilen

Bei manchen Routen ist ein Abstieg zu Fuß nicht möglich oder würde zu viel Zeit kosten. Abseilen über den Wasserfall ist nur selten nötig, meist kann in angrenzendem Gelände an Bäumen abgeseilt werden, oder es sind fixe Abseilstellen eingerichtet. Muß im Eis abgeseilt werden, dann sind Eissanduhren die billigste Möglichkeit. Sie kosten nur ein Reepschnurstück. Achtung: dünne Eissäulen sind nicht sehr stabil und zum Abseilen ungeeignet. Gewachsene Säulen sollten mindestens 50 cm (je nach Eisqualität) dick sein, wenn man daran abseilen will. Wo es keine Säulen gibt, hilft nur noch eine Eissanduhr weiter. Diese muß immer ins Kompakteis gebohrt werden (ausführliche Anleitung dazu im höchst empfehlenswerten Kletterführer „Eiskalt - Wasserfallklettern in der Schweiz", Panico Alpinverlag).

Im „Higlander" (L. Hüns)

Sicherheit

Sicherheit beim Eisklettern

Eisklettern ist und bleibt eine Risikosportart. Die alte Bergsteigerregel „nicht stürzen" findet hier noch ihre volle Berechtigung. Ein Sturz mit Steigeisen und um den Körper wirbelnden Pickeln ist an sich schon gefährlich. Dazu kommt die nicht immer zuverlässige Sicherung. Objektive Gefahren unterstreichen den ernsten Charakter. Mit einer seriösen Tourenvorbereitung und einer realistischen Selbsteinschätzung sollte man jedoch kaum in wirklich gefährliche Situationen geraten.
Insgesamt stellt Eisfallklettern natürlich weitaus höhere Anforderungen als Sportklettern entlang von Bohrhakenreihen. Trotzdem wird in diesem Führer jeder etwas finden, was auf sein Können zugeschnitten ist. Wer noch gar keine Ahnung hat wie's geht, besuche am besten zuerst einen Kurs oder nimmt sich für's erste Mal einen Bergführer, der einem erklärt, wie's läuft. Sicher ist sicher.

Beim Eisfallklettern herrscht durch abfallende Eiszapfen eine ungewohnte Gefahr. Sie brechen aufgrund ihrer Gewichtszunahme oder durch Sonneneinstrahlung ab und sind absolut unberechenbar. Diese objektive Gefahr wird oft unterschätzt. Deshalb wie schon gesagt: Helm auf am Einstieg! Allerdings: bei einem Eiszapfen von 50 cm Länge und 10 cm Durchmesser nützt auch der beste Helm nichts mehr.
Weitaus größer sind die Probleme mit den Lawinen. Eisfälle bilden sich meist dort, wo Gräben und Rinnen aus höher gelegenen Bergflanken in Felsabbrüche übergehen. Diese Rinnen sind natürliche Lawinenbahnen für die bis zu 1000 Höhenmeter über manchen Wasserfällen aufragenden Bergflanken. Deshalb muß der Eiskletterer auch in Lawinenkunde sehr gut Bescheid wissen. Wer selten im Winter in den Alpen unterwegs ist, sollte sich deshalb auf die relativ sicheren Gebiete beschränken und bei großer Lawinengefahr besser zuhause vor dem Fernsehgerät Sport betreiben und sich das Jeff Lowe-Eisklettervideo reinziehen. Magnesia zum Abtrocknen der schweißnassen Finger ist dabei unerläßlich.
Obwohl man Lawinenkunde nur im Gelände lernt (vor allem auf Skitouren), gibt es auch Pflichtlektüre zum Thema. „Neue Lawinenkunde" von Werner Munter - beim Schweizer Alpenclub erschienen - sollte jeder gründlich studiert haben. Auch der Besuch eines Lawinenkurses ist für Anfänger ratsam.
Nicht zu unterschätzen ist auch ein Föhneinbruch (im Salzburger Land gibt es häufig auch bei Schönwetter Südföhn) während der Tour. Das hat zwar nicht unmittelbar negative Auswirkungen auf die Eisqualität, ist jedoch unter Umständen mit einem sprunghaften Anstieg der Lawinengefahr (größere Schneeverfrachtungen) im Ausstiegsbereich von Eisfällen verbunden! Selbstauslösungen von Lawinen sind dann durchaus möglich.

F1 *focus*

Lawinenverschütteten-Suchgerät mit Ampelschaltung und optischem Focuspfeil

5 - JAHRE WERKSGARANTIE

ASS
AVALANCHE-SAFETY-SYSTEM

"... ich gehe auf Nummer sicher!"

Hans Kammerlander

Touren- und Tiefschneerucksäcke

Biwaksäcke

Lawinenschaufeln und Sonden

ORTOVOX
SICHER AUF TOUR

Erhältlich im Sportfachhandel. Bitte Farbkatalog anfordern!

ORTOVOX Österreich: Obere Klaus 176, A-8970 Schladming, Tel. 03687/22551, Fax 03687/22088 **ORTOVOX** Deutschland: Rotwandweg 5, D-82024 Taufkirchen, Tel. 089/666740, Fax 089/6667420

Schwierigkeitsbewertung

Grad 1	45 bis 60 Grad steiles Kompakteis von guter Qualität.
Grad 2	60 bis 70 Grad steiles Kompakteis mit guten Sicherungsmöglichkeiten.
Grad 3	70 bis 80 Grad steiles Kompakteis. Steilaufschwünge wechseln sich mit guten Rastpositionen ab, von denen aus die Sicherungen gesetzt werden können.
Grad 4	Konstant 80 Grad mit senkrechten Passagen oder kleinen Säulen.
Grad 5	Konstant 85 Grad mit längeren, senkrechten Passagen.
Grad 5+	Andauernd senkrechtes Gelände in kompaktem Eis und an massiven Säulen.
Grad 6	Andauernd senkrechtes Gelände, meist mit fragilem Röhreneis oder freistehenden Säulen, dünne, 80 bis 85 Grad steile Eisglasuren und senkrechte Kletterei an Eispilzen.
Grad 6+ bis 7-	Andauernd senkrechtes bis leicht überhängendes Gelände, dünne, freistehende bzw. freihängende Eissäulen oder kurze, aber extrem schwierige Einzelstellen an Eisüberhängen und Säulen, oftmals mit Fels kombiniert.
Grad 7	Überhängendes Kompakteis, äußerst dünne, freistehende bzw. freihängende Eissäulen in Kombination mit überhängenden Eisbalkonen, sowie 85 bis 90 Grad steile Eisglasuren und Eispilze im überhängenden Gelände. Die Klettereien sind oftmals mit Felspassagen kombiniert.

Die Bewertung der Wasserfälle erfolgte mit Bezug auf die französisch-kanadische Eisskala! Alle Angaben beziehen sich auf Rotpunktbegehungen, d.h. ohne Rasten an Eisgeräten oder Sicherungen. Die Schwierigkeitsbewertung im Fels erfolgt nach der UIAA-Skala in römischen Ziffern. Technisch gekletterte Passagen werden mit A ..0, 1, 2 ... bewertet.

Durch die sich ständig verändernde Materie Eis ist eine Beurteilung oder Einteilung von Eisfällen in Schwierigkeitsgrade besonders schwierig. Eisrinnen oder Eisfälle, die in der Regel eine dicke Eismasse haben und Schwierigkeiten bis zum 5. Grad aufweisen, bauen sich meistens von Jahr zu Jahr immer wieder gleich auf, und es entstehen zumeist, wenn überhaupt, nur geringe Abweichungen von der im Führer angegebenen Bewertung. Im Bereich 6. und 7. Grad kann die Abweichung jedoch auch bis zu zwei Schwierigkeitsgrade betragen! Da sich diese Routen meist an Linien mit oft nur wenig oder sehr dünnem Eis orientieren, ist es leicht möglich, daß eine Eisspur mit anschließendem Überhang, die mit 6+ oder 7 bewertet wurde, sich im nächsten Jahr als massiger Eiszapfen im oberen fünften Grad präsentiert. So etwas kann natürlich auch in umgekehrter Richtung erfolgen, und um keine unliebsamen Überraschungen zu erleben, muß jeder Wasserfall vor seiner Begehung vor Ort auf seine momentane Schwierigkeit beurteilt werden. Selbstverständlich ist es auch möglich, daß sich einzelne Eisfälle unter Umständen in einer Wintersaison überhaupt nicht bilden.

Übersicht der Gebiete

Gebietsübersicht

A Salzburg und Umgebung

- A1 Saalfelden . . . . Seite 19
- A2 Königssee . . . . Seite 20
- A3 Untersberg . . . . Seite 22
- A4 Schneizelreuth . . . . Seite 24
- A5 Hintersee . . . . Seite 28
- A6 Wiestal . . . . Seite 30

B Tennengebirge, Radst. Tauern

- B1 Salzachtal . . . . Seite 36
- B2 Ober-/Untertauern . . . . Seite 41
- B3 Flachau . . . . Seite 42
- B4 Schellgaden . . . . Seite 44
- B5 Wagrein - Kleinarl . . . . Seite 46
- B6 Großarltal . . . . Seite 52
- B7 Taxenbach . . . . Seite 62

C Gasteiner Tal

- C1 Klammstein - B. Gastein . . . Seite 68
- C2 Bad Gastein - Böckstein . . . . Seite 84
- C3 Böckstein - Sportgastein . . . Seite 94
- C4 Sportgastein - Siglitztal . . . . Seite 102
- C5 Bad Gast. - Kötschachtal . . . Seite 108
- C6 Böckstein - Anlauftal . . . . . . Seite 124

D Zw. Kaprun u. Felbertauern

- D1 Felbertauern . . . . Seite 140
- D2 Unteres Stubachtal . . . . Seite 142
- D3 Enzingerb-, Rudolfsh. . . . . . Seite 150
- D4 Sigmund-Thun-Klamm . . . . . Seite 158

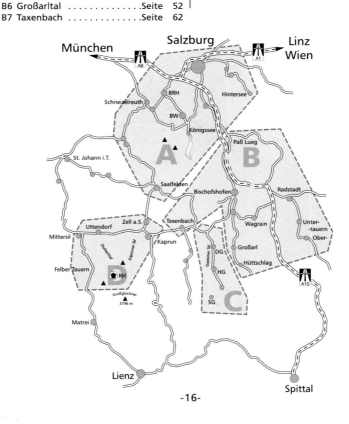

A Salzburg und Umgebung

A1 Saalfelden . . . . .Seite 19
A2 Königsee . . . . .Seite 20
A3 Untersberg . . . . .Seite 22
A4 Schneizelreuth . . . . .Seite 24
A5 Hintersee . . . . .Seite 28
A6 Wiestal . . . . .Seite 30

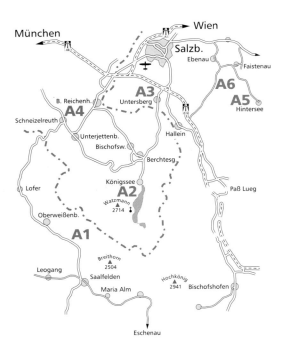

A1. Saalfelden

Die engen Eiskanäle, die nur wenigen Ausquermöglichkeiten bieten, sind eigentlich kaum zu verfehlen.

Zustieg   Direkt an der Strasse Saalfelden-Lofer beim Bundesheerklettergarten 5 km vor Weißbach.

Karte   ÖK 1:50 000 Blatt 92 Lofer

Ausrichtung SSW

Routen

A1.1	**Russisches Roulet**	**4+**	**150 m**
	abenteuerliche Route, teilweise mit grasdurchsetztem Fels (III)		
A1.2	**Born to be wild**	**4+**	**150 m**
	der Quergang auf einer dünnen Eisplatte bildet die Schlüsselstelle		
A1.3	**Eisroulade**	**5**	**150 m**
	eindrucksvolle Kletterei an einer senkrechten Kerze		
A1.4	**Spiegelarena**	**5**	**150 m**

Abstieg   **A1.1 bis A1.3** Vom Ausstieg ostwärts bis zu einer von unten gut sichtbaren Verschneidung. An einer Abseilschlinge 45 m abseilen.
A1.4 Drei Meter unterhalb des Standplatzes 45 m abseilen.

Beste Zeit Jänner - März

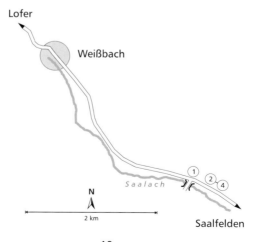

A. Salzburg und Umgebung

A2. Königssee

Landschaftlich phantastisch gelegener Wasserfall, der im Gegensatz zum Königsseerummel, trotz des kurzen Zustiegs eine Oase der Ruhe darstellt. Nur eine Seillänge ist schwer, sonst durchgehend leicht.

Zustieg	Vom Königsseeparkplatz dem markierten Wanderweg am Ostufer des Sees entlang folgen, bis man zu einem verfallenen Steig kommt, der direkt an der Wasserlinie bis zur Einmündung des Königsseefalles führt.
Karte	ÖK 1:50 000 Blatt 93: Bad Reichenhall
Ausrichtung	W

Routen

A2.1	**Königsseefall**	**4+**	**200 m**

Abstieg	Orografisch rechts vom Wasserfall in einer weiten Schleife durch den Wald absteigen.
Beste Zeit	Jänner - Februar

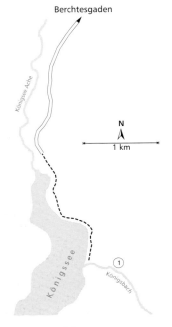

A2. Königssee

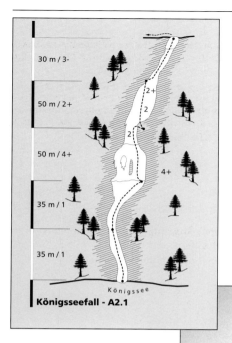

Königsseefall - A2.1

Schlüsselseillänge des „Königsseefalles"

A. Salzburg und Umgebung

A3. Untersberg

Landschaftlich reizvolle Kletterei vor den Toren Salzburgs, die nur an wenigen Tagen im Jahr begehbar ist.

Zustieg	Von der Hubertuskapelle auf einem Wanderweg zur Grödiger Quelle. Achtung! Der Wasserfall ist die Quellfassung und absolutes Wasserschutzgebiet, d. h. auch pinkeln ist verboten!!
Karte	ÖK 1:50 000 Blatt 93: Bad Reichenhall
Ausrichtung	O

Routen

A3.1	**Grödiger Wasserfall**	**3+**	**100 m**
	Nur an wenigen Tagen im Jahr begehbarer Eisfall		

Abstieg	Zweimaliges Abseilen an alten Haken. Achtung: Haken überprüfen!
Beste Zeit	Nach extremen Kälteperioden Jänner - Februar

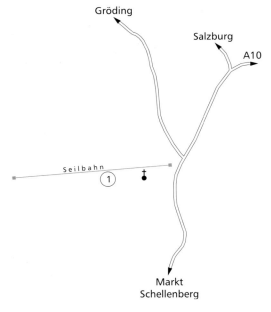

A3. Untersberg

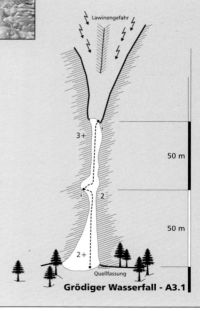

Grödiger Wasserfall - A3.1

A . Salzburg und Umgebung

A4. Schneizelreuth

Die Wirtshausfälle bieten drei lange spektakuläre Routen, die aufgrund der Exposition nur nach längeren Kälteperioden kletterbar sind. Die Schwierigkeit der Fälle steigt von West nach Ost.

Zustieg	**A4.1 - A4.3:** Vom Parkplatz beim Wirtshauses nicht direkt durch die Wildfütterung, sondern in einem Bogen zu den deutlich sichtbaren Wasserfällen, ca. 15 min. **A4.4:** Parken bei einer Ausbuchtung der Straße. Von dort hinunter zum Bach und über eine kleine Brücke direkt zum Einstieg, ca. 10 min.
Karte	ÖK 1:50 000 Blatt 92: Lofer
Ausrichtung	A4.1 - A4.3 SO A4.4 NO

Routen

A4.1 - A4.3	**Wirtshausfälle**	5 bis 5+	200 m
A4.4	**Kas'marie**	4+	200 m

Beliebter Wasserfall, der zwischen Jänner und März meist gute Verhältnisse aufweist. An Wochenenden stark frequentiert.

Abstieg	**A4.1 und A4.2** Über steiles Waldgelände orografisch rechts absteigen. **A4.3** Abseilen (Eisuhren bauen oder Haken verwenden). **A4.4** Auf der orografisch rechten Seite über den Weg absteigen.
Beste Zeit	A4.1 - A4.3 Jänner - Februar A4.4 Jänner - März

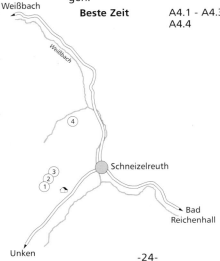

A4. Schneizelreuth

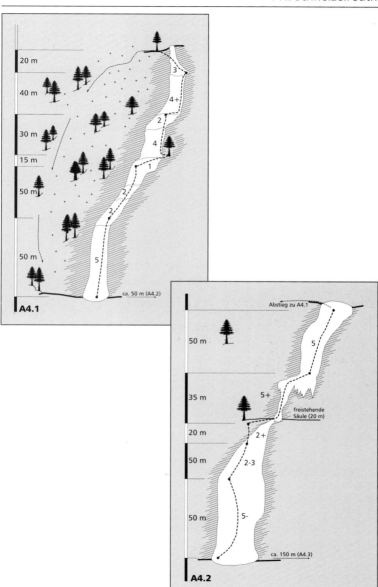

A . Salzburg und Umgebung

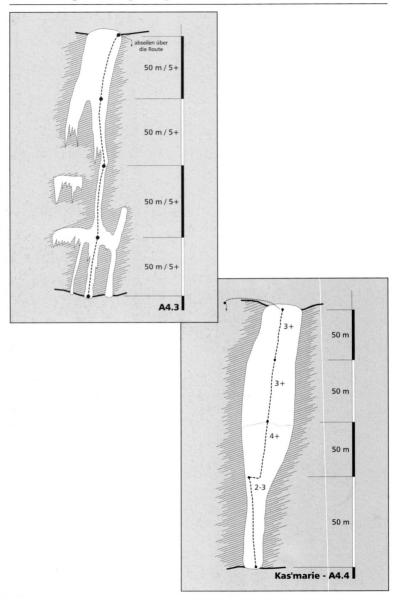

FUS F 18

Aggassiz

FUS 007

UP&UP

Distributed by: *UP&UP CLIMBING EQUIPMENT*
Mark Cole & Richard Matthews
Joseph-Belli-Weg 5, 78467 Konstanz
Tel. 0 75 31 - 69 53 05, Fax 69 53 06
e-mail: upandup@t-online.de

A . Salzburg und Umgebung

A5. Hintersee

Drei schöne Wasserfälle, die leider nur nach ausgeprägten Kälteperioden begehbar sind.

Zustieg	Nach einer Brücke an der Bundesstrasse kleiner Parkplatz. Von dort direkt über ein großes Feld in westlicher Richtung zu den deutlich sichtbaren Fällen. Bei hoher Schneelage ist es auch möglich, die Zufahrtsstraße zum Bauernhof zu benützen. Dort Parken darf man nicht.
Karte	ÖK 1:50 000 Blatt 94: Hallein
Ausrichtung	O - NO

Routen

A5.1 - A5.3 Hinterseefälle 3+/4- 50-80 m

Abstieg Abseilen an Bäumen oder durch steiles Gelände absteigen.
Beste Zeit Jänner - Februar

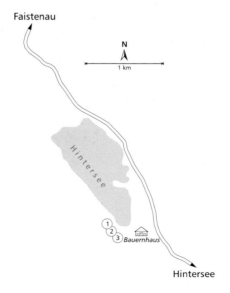

A5. Hintersee

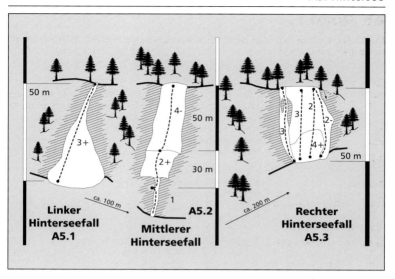

C. Nedomlel im „Rechten Hinterseefall"

A . Salzburg und Umgebung

A6. Wiestal

Eiskletterparadies vor den Toren Salzburgs. Fast in jedem Jahr herrschen über mehrere Wochen gute Bedingungen. Zahlreiche Möglichkeiten tief in der Strubklamm, die allerdings nur durch abseilen erreicht werden können.

Anfahrt	Entweder über die Wiestal-Landesstraße von der A10 der Tauernautobahn (Abfahrt Hallein) oder von Salzburg über die Wolfgangsee-Bundesstraße und weiter nach Ebenau. Wer öffentliche Verkehrsmittel benutzen will, fährt vom Bahnhof in Salzburg mit dem Postbus in Richtung Gaißau bis zur Haltestelle direkt beim Kraftwerk.
Unterkunft	Wirtshäuser in Geißau, Faistenau oder Hintersee.
Zustieg	**A6.1** und **A6.2** vom Parkplatz beim Wiestal-Kraftwerk 10 min zum deutlich sichtbaren Wasserfall. Für **A6.3** bis **A6.6** vom Parkplatz beim Wiestal-Kraftwerk entlang des Almbaches (Uferweg) in die Strubklamm (etwa 10 min). **Vorsicht:** Die letzten Meter zu den Fällen am Beginn der Strubklamm führen über den zugefrorenen Bach: das bedeutet Einbruchgefahr! Die tiefer in der Klamm liegenden Fälle werden durch abseilen erreicht und werden hier nicht näher beschrieben.
Karte	ÖK 1:50 000 Blatt 64: Strasswalchen
Ausrichtung	A6.1 und A6.2 N A6.3 bis A6.6 alle Richtungen

Routen

A5.1-A5.2	**Kraftwerksfall**	**bis 5**	**80 m**

Interessanter Einstieg ins extreme Eisklettern.
2. Seillänge immer Röhreneis

A6.3-A6.6	**Strubklamm**	**2 bis 6**	**25-35 m**

Äußerst spektakuläres Eiskletterparadies mit kurzem Zustieg, allen Schwierigkeitsgraden und der Möglichkeit zum Topropen.

Abstieg	Abseilen an Bäumen überall möglich.

A6. Wiestal

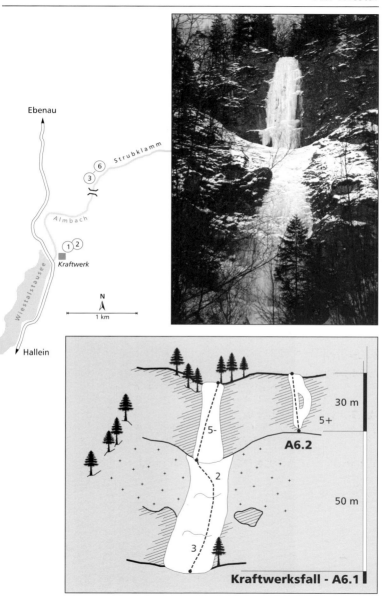

Kraftwerksfall - A6.1

A . Salzburg und Umgebung

Strubklamm – „Eingangswasserfälle" (Archiv: Nedomlel)

Strubklamm – „Hinterer Eingangswasserfall" (Archiv: Nedomlel)

A6. Wiestal

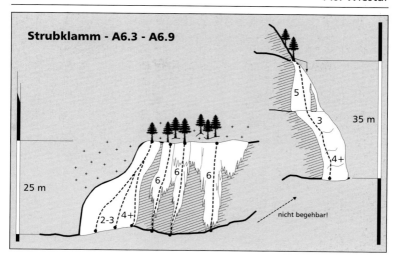

B. Tennengebirge und Radstädter Tauern

Gebiete

B1 Salzachtal ....Seite 36
B2 Ober- und Untertauern ....Seite 41
B3 Flachau Winkel ....Seite 42
B4 Schellgaden ....Seite 44
B5 Wagrein und Umgebung ....Seite 46
B6 Großarltal ....Seite 52
B7 Taxenbach und Umgebung ....Seite 62

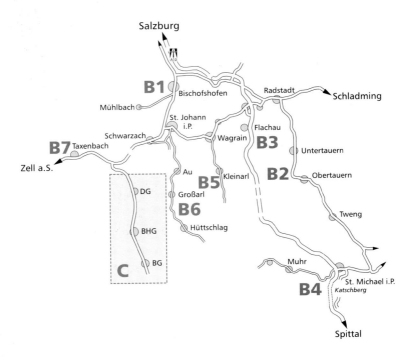

DAS VOLLE SPEKTRUM IN GANZER BREITE
klettern
bringt's

Hot Rocks
Szene up to date – Genuß und harte Moves

Cold Ice
Alpinismus in all seinen Facetten

Big Walls
Bravourstücke an den Bergen der Welt

Ja, schickt mir das aktuelle klettern zum Kennenlernen für 9,50 DM frei Haus!

Name, Vorname BLZ Konto-Nr.

Staße, Nr. Bank

PLZ Ort Datum, Unterschrift

Zahlungsmöglichkeiten: ❏ bequem per Bankeinzug ❏ mit beiliegendem Verrechnungsscheck

Direkt-Bestellung

klettern • Zieglergasse 11 • 70372 Stuttgart • Telefon 0711/954 79 26 • Fax 0711/954 79 28

B. Tennengebirge und Radstädter Tauern

B1. Salzachtal

Nette Eisfälle mit meist gutem Eisaufbau in z. T. beeindruckender Umgebung. Teilweise für Einsteiger geeignet. Wenig Lawinengefahr.

Anfahrt	**B1.1** Von Bischofshofen auf der alten Bundesstraße in Richtung Paß Lueg. Kurz vor Gasthof Stegenwald links über die Brücke (großer Reitstall). Bei Trabrennbahn parken. **B1.2 bis B1.4** Von Bischofshofen Richtung Mühlbach. Dort den Parkplatz der "Paul-Ausserleitner-Schanze" anfahren. **B 1.5** Auf der Bundesstraße von Bischofshofen in Richtung St. Johann fahren. Ca. 300 m nach Mitterberghütten rechts an einer Ausweiche parken. **B1.6 und B1.7** Von St. Johann in ca. 10 min in die Liechtensteinklamm.
Karte	ÖK 1:50 000 Blatt 94 Hallein, Blatt 125 Bischofshofen
Ausrichtung	Unterschiedliche Richtungen

Routen

B1.1	Gamsfall (1-2, ohne Topo, Foto Seite 39) . . . . .Seite	39
B1.2	Bischofshofener Fall (3+, ohne Topo) . . . . .Seite	38
B1.3	(nicht beschrieben)	
B1.4	(nicht beschrieben)	
B1.5	Kurz und gut (1-2, ohne Topo) . . . . .Seite	38
B1.6	Die Kerze (5+, ohne Topo) . . . . .Seite	38
B1.7	Der Eispirat (5, ohne Topo) . . . . .Seite	38

Abstieg	Die Abstiegsbeschreibungen sind bei den Touren aufgeführt.
Beste Zeit	**B1.1 bis B1.4** Mitte/Ende Dezember bis meist Anfang (hin und wieder auch Ende) März. **B1.5** erst ab Ende Jänner.

B1. Salzachtal

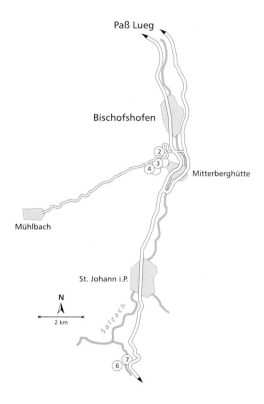

B. Tennengebirge und Radstädter Tauern

B1. Salzachtal

Zustieg **B1.1** In großem Linksbogen in ca. 20 min zum sichtbaren Einstieg.
B1.2 Vom Parkplatz in 15 min zum Wasserfall, ausgeschildert.
B1.5 In ca. 2 min zum Einstieg.
B1.6 Ca. 100 m vor dem „Eispiraten" ist der Fall auf der linken Seite (Ost) ersichtlich. Über das Bachbett in ca. 15 min zurück zum Einstieg.
B1.7 Man geht ca. 600 m in die Klamm. Der Eisfall wächst bei einer kleinen Unterführung über den Klammsteg auf der linken Seite zu Boden.

Routen

B1.1 **Gamsfall** 1-2 300 m
1. Beg. Sepp Brugger, Hacksteiner.
Netter Eisfall zum Einsteigen. Meist gutes Eis. (siehe nebenstehendes Foto, kein Topo)

B1.2 **Bischofshofener Fall** 3+ 50 m
1. Beg. unbekannt. Der Fall bietet eine Länge in sehr gutem Kompakteis. Da dieser Eisfall meist sehr viel Wasser führt, friert er häufig erst gegen Ende Jänner zu. Je nach Verhältnissen variieren die Schwierigkeiten zwischen 2 und 3. (ohne Topo)

B1.3 **(nicht beschrieben)**

B1.4 **(nicht beschrieben)**

B1.5 **Kurz und gut** 1-2 40 m
1. Beg. unbekannt.
Netter Fall für den Einsteiger. Meist gute Verhältnisse. Keine Lawinengefahr. (ohne Topo)

B1.6 **Die Kerze** 5+ 50 m
1. Beg. Sepp Brugger und Helmut Huber.
Anspruchsvolle Seillänge in phantastischer Felsumgebung.

B1.7 **Der Eispirat** 5 300 m
1. Beg. Sepp Brugger und Sepp Hacksteiner.
Sehr schöner Fall mit zumeist gutem Eisaufbau im oberen Teil.

Abstieg **B1.1** Im Sinne des Aufstieges nach links durch den Wald absteigen, bis man auf einen Jägersteig stößt. Diesem folgend zurück zum Einstieg.
B1.5 Im Sinne des Aufstieges links durch den Wald zurück zum Einstieg.
B1.6 Abseilen (Doppelseil), Abseilstand ist eingerichtet.
B1.7 In weitem Linksbogen über schlecht erkennbare Steigspuren zurück zum Klammgrund.

B1. Salzachtal

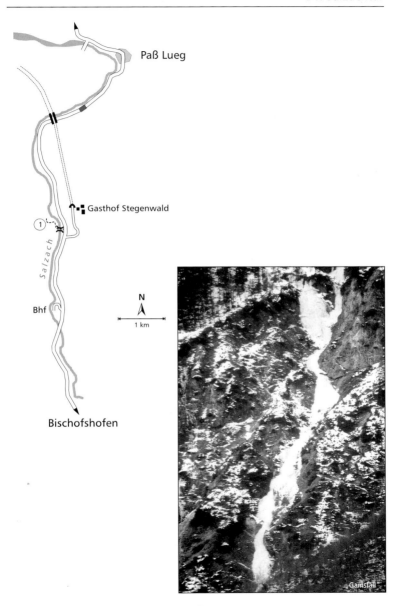

B. Tennengebirge und Radstädter Tauern

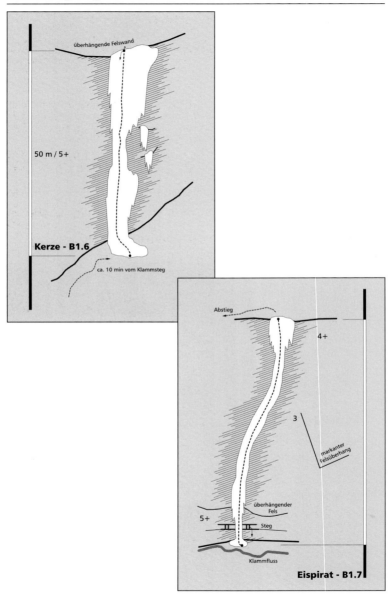

B2. Obertauern – Untertauern (Eisarena)

Die "Eisarena" bietet auf engstem Raum 4 bis 5 eigenständige Routenmöglichkeiten vom 1. bis zum 4. Eisgrad. Auf Grund der besonderen Lage gibt es hier meistens gutes Eis und keine Lawinengefahr. Ideale Spielwiese für den Einsteiger.

Anfahrt	Von St. Johann fährt man nach Radstadt. Von Radstadt über Untertauern in Richtung Obertauern. Etwa 2 km nach Untertauern befindet sich an einer Engstelle bei einer Brücke links (bzgl. Fahrtrichtung) sichtbar die „Eisarena"
Zustieg	Direkt von der Brücke aus erreicht man in wenigen Minuten unschwierig die Einstiege zu den einzelnen Routen der „Eisarena".
Karte	ÖK 1:50 000 Blatt 126: Radstadt
Routen	Verschiedene Routenmöglichkeiten vor allem in den unteren Eisgraden.
Abstieg	Teilweise an vorhandenen Bandschlingen abseilen.
Beste Zeit	Meist ab Ende Dezember kletterbar.

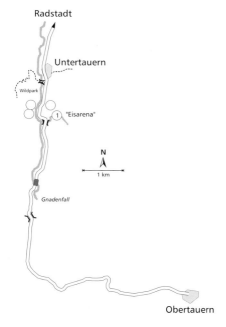

B. Tennengebirge und Radstädter Tauern

B3. Flachau Winkel

Bei guten Eisverhältnissen sehr lohnender, gut erreichbarer Eisfall, welcher 1997 erstbegangen wurde.

Anfahrt	Von St. Johann aus fährt man auf der A10 "Tauernautobahn" nach Süden bis zur Abfahrt "Flachau Winkel". Danach Richtung Talschluß (Gasthofalm) ca. 15 min, bis auf der rechten Talseite eine markante Eiswand sichtbar wird.
Zustieg	In ca. 20 min zum gut sichtbaren Eisfall.
Karte	ÖK 1:50 000 Blatt 126: Radstadt, Blatt 156: Muhr
Ausrichtung	Ô

Route

B3.1   Durchhänger   5+   120 m

1. Beg. Roland Norcen und Peter Lagler am 25.1.1997.
Die Schwierigkeiten beschränken sich auf eine Passage in der zweiten Seillänge. Je nach Eisverhältnissen 5 bis 5+. Sehr lohnend.

Abstieg	In großem Linksbogen zurück zum Einstieg.
Beste Zeit	Mitte/Ende Dezember bis meist Anfang (hin und wieder auch Ende) März.

B3. Flachau Winkel

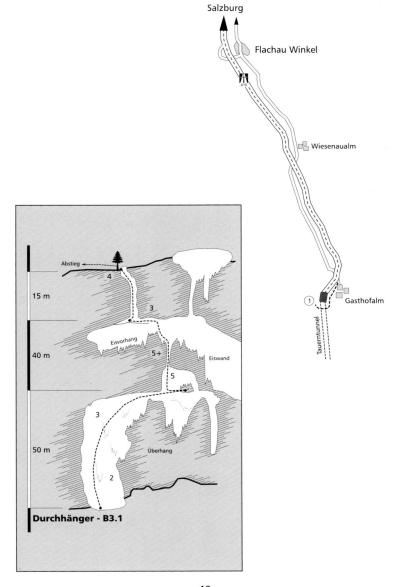

B. Tennengebirge und Radstädter Tauern

B4. Schellgaden

Idealer Übungswasserfall, der oft gute Verhältnisse aufweist.

Zustieg Vom Parkplatz bei einem Bauernhaus einen Weg durch den Wald aufwärts verfolgen und dann links Richtung Wasserfall abbiegen, ca. 15 min bis zum Einstieg.
Karte ÖK 1:50 000 Blatt 157: Tamsweg
Ausrichtung N

Routen
B4.1 - B4.2 Schellgadenerwasserfall 4 70 m

Abstieg Orographisch links entlang der Felsen auf einem schmalen Band absteigen.
Beste Zeit Jänner bis März

B4. Schellgaden

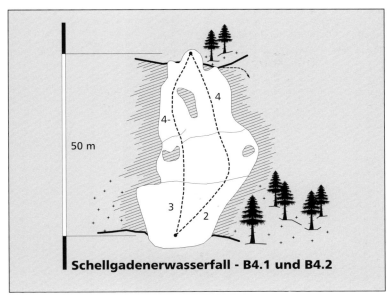

Schellgadenerwasserfall - B4.1 und B4.2

B. Tennengebirge und Radstädter Tauern

B5. Wagrain und Umgebung

Anspruchsvolle, meist kürzere Eisfälle. Teilweise überhängende Eissäulen.

Anfahrt	Von St. Johann über die Wagrainer Bundesstrasse nach Kleinarl. Bei "Sport Wedel" über die Brücke zum Parkplatz.
Zustieg	Wird bei den einzelnen Routen aufgeführt.
Karte	ÖK 1:50 000 Blatt 125: Bischofshofen
Ausrichtung	O

Routen

B5.1	Der Nachtwächter (6+)	Seite	47
B5.2	Ein Fall für 2 (5)	Seite	48
B5.3	Sonnenschein (5)	Seite	49
B5.4	Kurz und Eisig (5+)	Seite	49
B5.5	Eisschild (4)	Seite	50
B5.6	Eisenhauer (5+, ohne Topo)	Seite	50
B5.7	Eiskalt (5, ohne Topo)	Seite	50
B5.8	Eiszapfen (5)	Seite	50
B5.9	Spinne (5+)	Seite	50
B5.10	Blue Star (6+)	Seite	50

Abstieg	Siehe bei den einzelnen Routen.
Beste Zeit	Mitte/Ende Dezember bis meist Anfang (hin und wieder auch Ende) März.

B5. Wagrain – Kleinarl

Zustieg Vom Parkplatz in etwa 5 min rechtshaltend zum Einstieg.

Route

B5.1 **Der Nachtwächter** 6+ 50 m
1. Beg. Harald Berger am 18.1.1996.
30 m fragile, überhängende Eissäulen. Am Ausstieg nicht unter 85°-90°.

Abstieg Über den Wanderweg "Kleinarlerhütte" in ca. 10 min zum Einstieg zurück.

Beste Zeit Ab Mitte/Ende Jänner. Ist er bis dahin nicht zugefroren, kann man ihn für den Rest der Eissaison vergessen.

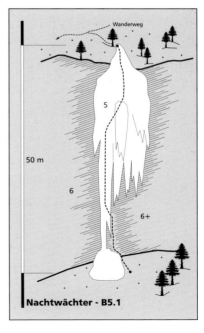

Nachtwächter - B5.1

B. Tennengebirge und Radstädter Tauern

B5. Wagrain – Kleinarl

Anfahrt Von St. Johann über die Wagrainer Bundesstraße nach Kleinarl City. Bei der Disco "Startreff" rechts zur Talstation der Materialseilbahn (Kleinarler Hütte) und dort parken.

Zustieg Über den Steg die Kleinarler Ache überqueren und anschließend dem Bachbett der Kleinarler Ache folgend in etwa 45 min zum Einstieg.

Karte ÖK 1:50 000 Blatt 125: Bischofshofen

Route

B5.2   **Ein Fall für Zwei**   **5**   **120 m**

1. Beg. Harald Berger im Dezember und Januar 1996.
Die ersten beiden Seillängen bieten eher wenig Genuß.
Im oberen Teil bietet der Fall zwei eigenständige Linien, wobei vor allem die rechte Variante mit kompakten 90° Eissäulen lockt.

Abstieg Auf der rechten Seite 2 x 50 m abseilen (50 m Doppelseil notwendig! - siehe Skizze)

Beste Zeit Sehr gut geschützter Fall (Wald, Taleinschnitt), daher auch bei wärmerem Wetter oft noch begehbar.

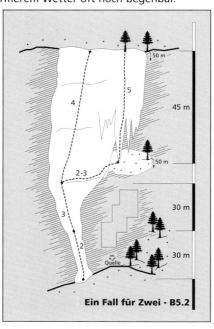

Ein Fall für Zwei - B5.2

B5. Wagrain – Kleinarl

Anfahrt B5.3 und B5.4 Von St. Johann über die Wagrainer Bundesstraße nach Kleinarl. Ca. 1 km nach dem Ortsgebiet auf der linken Straßenseite parken.

Zustieg B5.3 Vom Parkplatz in ca. 5 min zum Einstieg.
B5.4 Vom Parkplatz aus in ca. 10 min über eine steile Böschung zum Einstieg.

Routen

B5.3   **Sonnenschein**   5   70 m
1. Beg. unbekannt
Die erste Seillänge bietet eher leichtes Eis. Der Ausstieg erfolgt dann über einen 25 - 30 m hohen Eisvorhang.

B5.4   **Kurz und eisig**   5+   30 m
1. Beg. unbekannt
25 bis 30 m kompaktes bis leicht röhriges 90° Steileis.

Abstieg Jeweils mittels Linksschleife zurück zum Einstieg.

Beste Zeit Mitte/Ende Dezember bis meist Anfang (hin und wieder auch Ende) März.

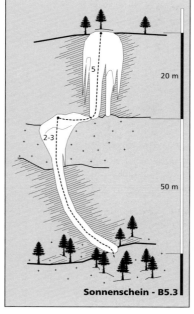

Sonnenschein - B5.3

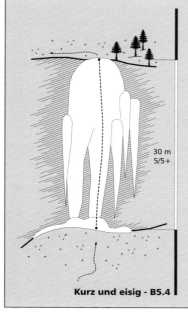

Kurz und eisig - B5.4

B. Tennengebirge und Radstädter Tauern

B5. Wagrain - Tappenkarseefälle

Hier finden sich 5 Routen mit einer Länge von bis zu 100 Metern und Schwierigkeiten bis 5. Bereits von weitem als kompaktes Eisschild erkennbar.

Anfahrt	Von St. Johann über die Wagrainer Bundesstraße nach Kleinarl und von dort zum Jägersee.
Zustieg	Man folgt dem ausgetrampelten Wanderweg Richtung Tappenkarsee (markierter Weg). Das markante, kompakte Eisschild ständig vor Augen, gelangt man in ca. 40 min zu den Einstiegen.
Karte	ÖK 1:50 000 Blatt 155: Bad Hofgastein, 156: Muhr und 125: Bischofshofen
Ausrichtung	meist N, teilweise NW bis NO

Routen

B5.5   **Eisschild**   **4**   **90 m**
1. Beg. Harald Berger am 14.2.1996.
Großes kompaktes Eisschild mit einer geneigten Rinne als Verlängerung. Zustieg zu den anderen Eisfällen.

B5.6   **Eisenhauer**   **5+**   **45 m**
1. Beg. Harald Berger am 21.2.1996.
45 m hohe, freistehende Eissäule. (ohne Topo)

B5.7   **Eiskalt**   **5**   **45 m**
1. Beg. Harald Berger am 14.2.1996.
45 m hohe Eiskaskade (ohne Topo)

B5.8   **Eiszapfen**   **5**   **45 m**
1. Beg. Harald Berger am 21.2.1996.
45 m hohe freistehende Eissäule

B5.9   **Spinne**   **5+**   **40 m**
1. Beg. unbekannt
40 m hohe, steile Eisglasur, welche maximal 50 cm dick wird.

B5.10   **Blue Star**   **6+**   **45 m**
1. Beg. unbekannt
45 m hoher, freistehender Eisgigant.

Abstieg   **B5.5** Über den Wanderweg zurück zu den Einstiegen.
B5.6 bis B5.10 Vom Ausstieg nach links und an Baum mit 50 m Doppelseil abseilen.

B5. Wagrain – Kleinarl

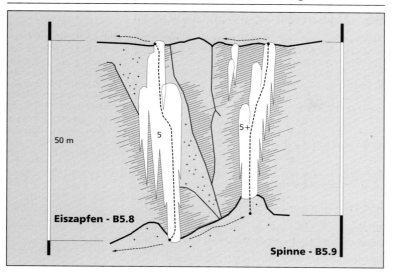

Eiszapfen - B5.8
Spinne - B5.9

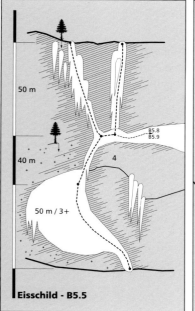

Eisschild - B5.5

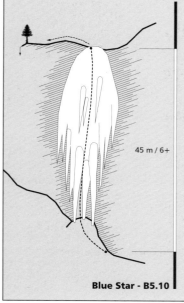

Blue Star - B5.10

B. Tennengebirge und Radstädter Tauern

B6. Großarltal

Das Große Arltal liegt in der Mitte der Radstädter Tauern und reicht mit seinem Anfang bis zum Ostrand der Ankogelgruppe. Im Westen grenzt das Großarltal an das Gasteinertal. Eine Reihe äußerst lohnender Eistourenmöglichkeiten, besonders in den leichten bis mittleren Eisgraden, warten hier auf Begeher. Speziell der hinterste Teil des Tales, das sogenannte Schödertal, bietet eine phantastische Eiskulisse mit vielen Tourenmöglichkeiten in den unteren Schwierigkeitsgraden. Da dort jedoch die Lawinengefahr nicht zu unterschätzen ist, kann nicht immer geklettert werden. Kaum Lawinengefahr und Eis bis in die mittleren Schwierigkeitsgrade bietet das Großarltal rund um Hüttschlag.

Anfahrt	Da die Busverbindungen nicht die besten sind, ist der eigene PKW bei der Anreise vorzuziehen. Die unterschiedlichen Anfahrtswege werden bei den entsprechenden Routen aufgelistet.
Zustieg	Siehe bei den jeweiligen Routen.
Karte	ÖK 1:50 000 Blatt 125: Bischofshofen, 155: Bad Hofgastein
Ausrichtung	Je nach Wasserfall verschieden

Routen

B6.1	Yokoo (3+)	Seite 54
B6.2	Breitenebenfall (4+)	Seite 55
B6.3	Klein aber oho (1-2, ohne Topo)	Seite 56
B6.4	Das Glühwürmchen (3+, ohne Topo)	Seite 56
B6.5	Der hohle Zahn (5, ohne Topo)	Seite 56
B6.6	Quicki (3+)	Seite 58
B6.7	Beeweiwi (ohne Topo)	Seite 59
B6.8	Waldmandl (3)	Seite 59
B6.9	Schurke (4)	Seite 60
B6.10	Stockham Fall (3+, ohne Topo)	Seite 60
B6.11	Die Glasperle (4+, ohne Topo)	Seite 60
B6.12	Spitzentanz (ohne Topo)	Seite 60
B6.13	Erstarrte Träume (2-4, ohne Topo)	Seite 60

Abstieg	Siehe bei den jeweiligen Routenbeschreibungen.
Beste Zeit	Die Klettersaison reicht im Tal meist von Anfang Dezember bis Mitte März, was auch von den unterschiedlichen Höhenlagen (600 - 1500 m) abhängt.

B6. Großarltal – Übersichtskarte

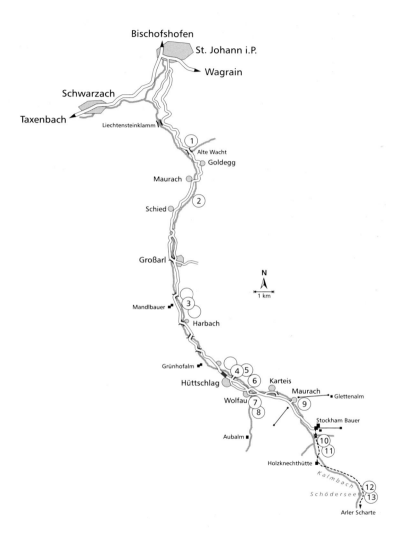

B. Tennengebirge und Radstädter Tauern

B6. Großarltal

Anfahrt Von St. Johann Richtung Großarl bis zur Alten Wacht. Dort parken.

Zustieg Alte Straße bis zur Brücke, von dort in ca. 5 min zum Einstieg.

Karte ÖK 1:50 000 Blatt 125: Bischofshofen

Route

B6.1 **Yokoo** **3+** **90 m**

1. Solobeg. Roland Norcen am 1.1.1997. EB unbekannt.
In der 1. SL 40 m 3+, anschließend ca. 200 m Gehgelände bis zum 2. Aufschwung (40 m).

Abstieg Am Ausstieg ca. 20 m nach links, in die Schlucht absteigen oder 25 m abseilen. Den ersten Aufschwung im Sinne des Abstieges in weitem Linksbogen absteigen. (siehe hierzu auch untenstehende Skizze).

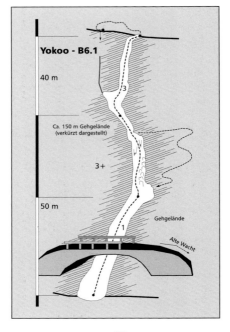

B6. Großarltal

Anfahrt Von St. Johann im Pongau in Richtung Großarl. Kurz vor dem Gasthof Schiederhof links abbiegen und auf dem Breiteneben-Güterweg weiter. Parken nach ca. 100 m in einer Linkskehre.

Zustieg Über eine Wiese südlich in Richtung Großarl etwa 15 min zu sichtbarem Taleinschnitt. Von dort zum bereits erkennbaren Einstieg.

Karte ÖK 1:50 000 Blatt 125: Bischofshofen

Route

B6.2 **Breitenebenfall**   **4+**   **90 m**

1. Beg. unbekannt. Erste Seillänge 3 bis zum Absatz. Zweite Seillänge in sehr schönem Kompakteis (4+). Kaum Lawinengefahr und meist sehr gutes Eis.

Abstieg Über Wanderweg nach links zurück zum Einstieg.

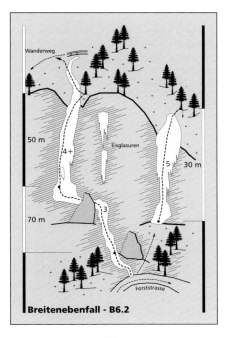

Breitenebenfall - B6.2

B. Tennengebirge und Radstädter Tauern

B6. Großarltal

Anfahrt	**B6.3** Von Großarl kurzes Stück Richtung Hüttschlag (ca. 5 min). **B6.4 und B6.5** Direkt in Hüttschlag nach links (Osten) über die Brücke zum Parkplatz.
Zustieg	**B6.3** Etwa 100 m gegenüber der Pension "Romantica". **B6.4 und B6.5** In ca. 15 min zu den gut sichtbaren Fällen.
Karte	ÖK 1:50 000 Blatt 155: Bad Hofgastein

Routen

B6.3	**Klein aber Oho**	**1-2**	**150 m**

Netter Eisfall mit geringer Lawinengefahr. EB unbekannt. (ohne Topo)

B6.4	**Das Glühwürmchen**	**3+**	**130 m**

1. Begehung Sepp Brugger und Andrea Gruber.
Erste SL 3+, 2. SL 10 m 3, der Rest 1 bis 2 und in der 3. SL 2. (ohne Topo)

B6.5	**Der hohle Zahn**	**5**	**180 m**

1. Beg. Sepp Brugger und Andrea Gruber im Jänner 1997.
Kompaktes Eis mit einer kurzen freistehenden Säule (15 m 4 bis 5).
Erste SL 2 bis 3, 2. SL 5, in der 3. und 4. SL 1 bis 3. (ohne Topo)

Abstieg	**B6.3** Logisch dem Gelände folgend zurück zum Einstieg **B6.4 und B6.5** Nach links über Feldweg zurück zum Einstieg.
Beste Zeit	Je nach Tour verschieden. Die Klettersaison reicht - auch abhängig von den unterschiedlichen Höhenlagen (600 - 1500 m) - meist von Anfang Dezember bis Mitte März.

Uwey Products • D74396 Löchgau • Hauptstrasse 55 • Telefon 07143/24944

B. Tennengebirge und Radstädter Tauern

B6. Großarltal

Anfahrt Von Hüttschlag nach Karteis. Auf der linken Seite befindet sich in etwa 300 m Entfernung der gut sichtbare Fall.

Zustieg In wenigen Minuten über das Bachbett zum Einstieg.

Karte ÖK 1:50 000 Blatt 155: Bad Hofgastein

Route

B6.6 **Quicki** 3+ 130 m
S. Brugger, P. Lagler, W. Hönlinger, H. Schützinger im Jänner 1997.
Netter Eisfall für Einsteiger. Meist gutes Eis und keine Lawinengefahr.

Abstieg Vom Ausstieg rechtshaltend durch den Wald hinab (siehe untenstehende Skizze).

Beste Zeit Die Klettersaison reicht - auch abhängig von den unterschiedlichen Höhenlagen (600 - 1500 m) - meist von Anfang Dezember bis Mitte März.

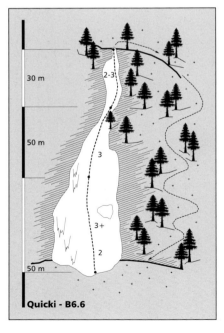

Quicki - B6.6

B6. Großarltal

Anfahrt   Direkt in Hüttschlag-Wolfau parken.

Zustieg   Vom Parkplatz in westlicher Richtung auf Wanderweg an einer Kapelle vorbei in wenigen Minuten zu den Wasserfällen.

Karte   ÖK 1:50 000 Blatt 155: Bad Hofgastein

Route

B6.7   **Beeweiwi**
(ohne Topo)

B6.8   **Waldmandl**   3   200 m
S. Brugger, A. Gruber, W. Hönlinger, H. Schützinger im Jänner 1997.

Abstieg   Über den Güterweg zurück nach Wolfau.

Beste Zeit   Die Klettersaison reicht - auch abhängig von den unterschiedlichen Höhenlagen (600 - 1500 m) - meist von Anfang Dezember bis Mitte März.

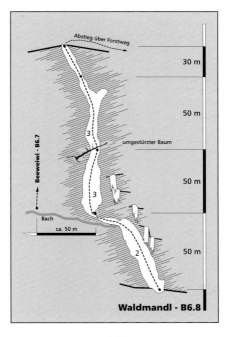

B6. Großarltal

Anfahrt	**B6.9** Großarl - Hüttschlag dort beim Maurachbauer parken. **B6.10** St. Johann - Großarl - Hüttschlag - Talschluß. **B6.11 bis B6.13** Hüttenschlag See, dort auf dem letzten großen Parkplatz parken ("Talwirt").
Zustieg	**B6.9** Über eine Wiese in ca. 10 min zum Einstieg. **B6.10** Etwa 10 min auf der Straße Richtung Schöderhorn. Der Fall ist dann auf der linken Seite (Osten) sichtbar. **B6.11** Vom "Stockham Bauer" Richtung Schödersee (etwa 15 min) bis links ein markantes Couloir erscheint. Dort befindet sich der Einstieg. **B6.13** Vom Parkplatz dem beschilderten Weg zum Schödersee folgen. Links vom Sommerweg zur "Arler Scharte" befindet sich gut sichtbar das markante Couloir (max. 1 h).
Karte	ÖK 1:50 000 Blatt 155: Bad Hofgastein

Routen

B6.9   **Schurke**   **4**   **200 m**
Rohrmoser, Bubendorfer. Homogene Schwierigkeiten in sehr gutem Kompakteis. Der Fall benötigt 1 bis 2 Wochen überdurchschnittliche Kälte und ist dann meist Ende Dezember bis Ende Januar begehbar.

B6.10   **Stockham Fall**   **3+**   **80 m**
Zwei SL in gutem Kompakteis. Der Fall führt viel Wasser, weshalb er überdurchschnittliche Kälte über 1 bis 2 Wochen benötigt. (ohne Topo)

B6.11   **Die Glasperle**   **4+**   **250 m**
1. Begehung Sepp Brugger und Andrea Gruber im Dezember 1996.
3 Seillängen 2 bis 3, anschließend ca. 200 m Gehgelände, oberer Teil eine Stelle 4+. (ohne Topo)

B6.12   **Spitzentanz**
(ohne Topo)

B6.13   **Erstarrte Träume**   **4**   **350 m**
1. Beg. Sepp Brugger und Andrea Gruber im Jänner 1997.
Erste Seillänge 2 bis 3, anschließend ca. 80 m Gehgelände. Zweite Seillänge 2 bis 3. In der dritten bis sechsten Seillänge 2 bis 4. Unbedingt auf Lawinengefahr achten! (ohne Topo)

B6. Großarltal

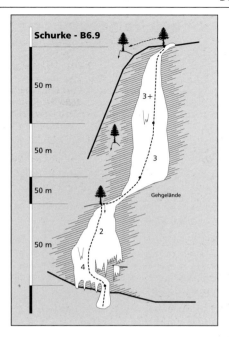

Abstieg   **B6.9** Auf Kante nach links, 2 mal an Bäumen abseilen oder bis zum ersten Stand absteigen. Dort bei Gebüsch 1 x 50 Meter (Doppelseil!) zum Einstieg hinunter abseilen.
B6.10 Abseilen durch den Wald in nördlicher Richtung.
B6.11 Im Sinne des Aufstieges in weitem Linksbogen zurück.
B6.13 Am Ende des Couloirs nach rechts ausqueren und über den markierten Sommerweg zurück zum Einstieg.

Beste Zeit   Je nach Tour verschieden.
Die Klettersaison reicht - auch abhängig von den unterschiedlichen Höhenlagen (600 - 1500 m) - meist von Anfang Dezember bis Mitte März.

B. Tennengebirge und Radstädter Tauern

B7. Taxenbach und Umgebung

Das Gebiet rund um Taxenbach kann man sicherlich nicht als Eisreservoir bezeichnen. Trotzdem finden sich einige nette Touren in den unteren Schwierigkeitsgraden, welche es in jedem Fall wert sind erwähnt zu werden. Besonders hervorzuheben wäre der „Weg der Balkone" (B7.5). Dieser Fall bietet meistens ausgesprochen gutes Eis mit besonders kompaktem Aufbau. Für den absoluten Neuling bietet sich der „Boldi" (B7.4) an. Auch der ängstliche Kletterer wird sich bei diesem Fall nicht überfordert fühlen.

Anfahrt	A 10 Tauernautobahn Abfahrt Bischofshofen und dann die B 311 über St. Johann nach Taxenbach (siehe Karte Seite 35).
Unterkunft	Gasthöfe in Taxenbach oder Gasthof zur Ruine am Beginn des Gasteiner Tales (Treffpunkt der Eiskletterer!)
Zustieg	Alle beschriebenen Fälle sind in wenigen Minuten erreichbar.
Karte	ÖK 1:50 000 Blatt 124: Saalfelden
Ausrichtung	Je nach Fall verschieden

Routen

B7.1	Dong (3+)	Seite	63
B7.2	Linker Taxenbacher (4+, ohne Topo)	Seite	64
B7.3	Rechter Taxenbacher (4, ohne Topo)	Seite	64
B7.4	Boldi (2, ohne Topo)	Seite	64
B7.5	Weg der Balkone (4)	Seite	65

Abstieg Steht jeweils bei den entsprechenden Touren.

Beste Zeit Meist Jänner bis März

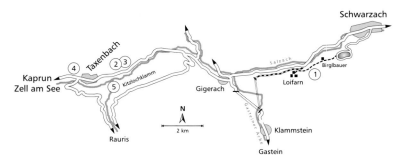

B7. Taxenbach und Umgebung

B7. Taxenbach – Schwarzach Stausee

Anfahrt Von Schwarzach zum Stausee (Richtung Heukareck), danach auf ausgeschildertem Weg Richtung "Loifarn" (2 bis 3 km). Kurz nach einem Bauernhof ist der Eisfall auf der linken Seite erkennbar.

Zustieg In wenigen Minuten zum Einstieg.

Karte ÖK 1:50 000 Blatt 125: Bischofshofen

Route

B7.1 **Dong**   **3+**   **150 m**
1. Beg. Roland Norcen Solo am 5.2.1997.
Netter Fall zum Einsteigen. Bei viel Schnee besteht Lawinengefahr.

Abstieg Auf einem Forstweg in weitem Linksbogen zurück zum Einstieg.

Beste Zeit Jänner bis März

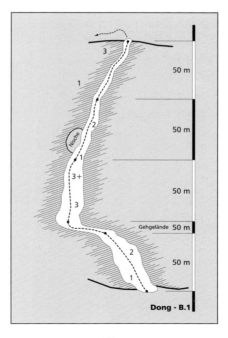

B. Tennengebirge und Radstädter Tauern

B7. Taxenbach

Anfahrt	**B7.2 und B7.3** Von St. Johann fährt man Richtung Zell am See. Kurz vor Taxenbach ist am Ende des zweispurigen Ausbaus der Schnellstraße der Eisfall auf der rechten Seite sichtbar. **B7.4** Von St. Johann fährt man auf der Bundesstrasse Richtung Zell am See/Saalfelden. Kurz vor der Ortsausfahrt Taxenbach ist der Fall auf der rechten Straßenseite sichtbar.
Zustieg	**B7.2 und B7.3** Die Fälle beginnen direkt neben der Strasse. **B7.4** Direkt an der Straße
Karte	ÖK 1:50 000 Blatt 124: Saalfelden
Ausrichtung	Je nach Fall verschieden

Route

B7.2	**Linker Taxenbacher**	**4+**	**150 m**
	1. Beg. unbekannt. Die Schwierigkeiten beschränken sich auf wenige steile Passagen. (ohne Topo)		
B7.3	**Rechter Taxenbacher**	**4**	**150 m**
	1. Beg. unbekannt. Kurze Steilpassagen mit langen flacheren Stücken. (ohne Topo)		
B7.4	**Boldi**	**2**	**40 m**
	1. Beg. unbekannt. Dieser Fall ist ein gerne besuchtes Übungsgelände. Sicher ein Eisfall für den Einsteiger. (ohne Topo)		

Abstieg	**B7.2 und B7.3** Durch den Wald zurück zum Einstieg.
Beste Zeit	Jänner bis März

B7. Taxenbach und Umgebung

B7. Taxenbach – Kitzlochklamm

Anfahrt Von St. Johann Richtung Zell am See bis nach Taxenbach. Im Ort dem ausgeschilderten Weg zur Kitzlochklamm folgen.

Zustieg Vom Parkplatz auf gekennzeichnetem Fußweg in die Klamm. Nach ca. 15 min ist der Wasserfall (künstlicher Fall = Turbinenauslauf vom Kraftwerk) auf der rechten Seite sichtbar. In wenigen Minuten unschwierig zum Einstieg.

Karte ÖK 1:50 000 Blatt 124: Saalfelden

Route

B7.5 **Weg der Balkone**   4   100 m

1. Beg. W. Graf und B. Stummer am 8.2.1980.
Sehr lohnender Wasserfall mit meist gutem Eisaufbau. Je nach Verhältnissen variieren die Schwierigkeiten zwischen 3 und 4.

Abstieg Im Sinne des Aufstieges in weitem Rechtsbogen zum Einstieg zurück.

Beste Zeit Durch die Klamm sehr gut vor kurzfristigen Wettereinflüssen geschützt. Meist sehr gutes Eis von Ende Dezember bis oft Anfang April.

Ausrichtung N

Sonstiges Potentielle Wiederholer sollen sich vorsehen, denn Eiskletterer sind in der Klamm nicht gerne gesehen. Desweiteren ist unbedingt zu beachten, daß sich der Wasserfall am Ausfluss der Kraftwerksturbinen befindet und diese jederzeit (z. B. bei Turbinenschaden) geflutet werden können.
Deshalb ist eine Begehung nicht empfehlenswert!

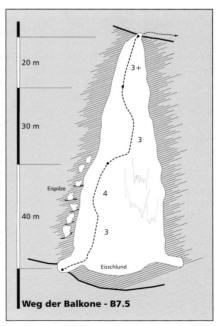

Weg der Balkone - B7.5

C. Gasteiner Tal

Energiequelle Gasteinertal ?
Die Liste prominenter Besucher in Gastein liest sich wie ein „Who is Who" der Zeitgeschichte. Seit Kaisers Zeiten haben die Großen der Welt hier die Kureinrichtungen und das radonhaltige Reizklima genossen und neue Kraft geschöpft. Heute nutzen immer mehr Urlaubsgäste die ausgezeichneten natürlichen Voraussetzungen dieser Gegend und tanken bei allen nur erdenklichen Freizeitmöglichkeiten sowie den zahlreichen Wellness-Angeboten neue Energie.
Der mondäne, einzigartige Skiort Bad Gastein, auch 'Monte Carlo der Alpen' genannt, das moderne Bad Hofgastein und das schöne Dorfgastein, das seinen dörflichen Charakter beibehalten hat, ergänzen sich in ihrer Vielfältigkeit. Das ganze Gasteinertal ist ein Ort voll von Attraktionen, maßgeschneidert für Ihre Wünsche.

Gebiete

C1 Klammstein bis Bad Gastein . . . . .Seite 68
C2 Bad Gastein bis Böckstein . . . . .Seite 84
C3 Böckstein bis Sportgastein . . . . .Seite 92
C4 Sportgastein, Siglitztal . . . . .Seite 102
C5 Bad Gastein, Kötschachtal . . . . .Seite 108
C6 Böckstein, Anlauftal . . . . .Seite 124

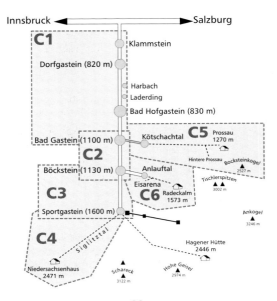

GASTEINER TAL

Einzigartig. Weltweit.

BAD GASTEIN • BAD HOFGASTEIN • DORFGASTEIN

39 Tennisplätze, davon 6 Hallenplätze; Radfahren; Mountain Bike; 9-Loch-Golfplatz (in Erweiterung auf 18 Loch); 1 Reithalle, Turniere, Gelände, Ausritte, Parcours, Pferdepension; Pferdekutschen, Hochzeitskutsche; Paragliding mit Kursen; Drachenfliegen, 90 km Wanderwege (von der leichten Hüttenwanderung bis zur Hochgebirgstour; Gasteiner Wandernadel, für Kinder den Wander-"Mank"; Gästekindergarten; Geologische, botanische und historische Spaziergänge; gepflegte, ebene Promenaden ; Bergsteigen; Fischen; Jagen; 6 Kinderspielplätze; Kinderprogramme; Sport Animationsprogramme; 2 Squash-Courts; Tischtennis; 2 Fitnesscenter; Schießstände (Kleinkaliber); 5 Kegelbahnen; 2 Boccia-Bahnen; Fluß-Rafting; 3 Fußballplätze; 250 km Skiabfahrten mit 50 Skiliften und Seilbahnen von 800 bis 2800 m Seehöhe; 30% schwierige Abfahrten; 40% Abfahrten mit mittlerem Schwierigkeitsgrad; 30% leichtere Abfahrten; Gastein Super-Ski-Schein; Golden Ski-Card (Dolomiti Superski, der Welt größter Skipass); 90 km Langlaufloipen (800 m, 1200 m, 1600 m Seehöhe); 3 Skischulen; Snowboard; Telemark, Swingbo, Skibob; unendlich weite Skitourengebiete; 4 Langlaufschulen; 3 Snowboardschulen; 30 urgemütliche Skihütten und Bergrestaurants; 2 Eislaufplätze; 18 Eisstockbahnen; 3 Rodelbahnen; 80 km geräumte Winterwanderwege und Promenaden; Pferdeschlittenfahrten; Eisklettern; Schwimmen im neuen Gasteiner Badesee; Thermal-Freischwimmbäder; 25 Thermal-Hallenbäder; und in den Hotels jede Menge Solarien, Saunen; Dampfbäder und Thermalhallen- und Freibäder

Fremdenverkehrsverband

Nr. 11
A-5632 DORFGASTEIN
Telefon 06433/7277-0
Fax 06433/7277-37

Fremdenverkehrsverband

Tauernplatz 1
A-5630 BAD HOFGASTEIN
Telefon 06432/7110-0
Fax 06432/7110-31

Kur- u. Fremdenverkehrsverband

Kaiser Franz Josef Str. 27
A-5640 BAD GASTEIN
Telefon 06434/2531-0
Fax 06434/2537-37

Entspannen Sie sich nach einem Tag voll Action und Abenteuer in einem der Thermalhallenbäder, Felsenbad oder Thermentempel, in Sauna und Dampfbad und fühlen Sie sich frisch, fit und bereit für einen Abend voller Charme und Chancen.

••• 365 Tage Sport und Erholung •••

C. Gasteiner Tal

C1. Klammstein bis Bad Gastein

Alle in diesem Abschnitt vorgestellten Eisfälle können als ziemlich lawinensicher bezeichnet werden!

Anfahrt Verläßt man den Straßentunnel am Eingang des Gasteinertals, so befindet man sich in Klammstein, dem Tor zum Eiskletterparadies. Am besten ist es gleich ca. 100 m nach der Tunnelausfahrt nach rechts zum Gasthof "Zur Ruine" abzubiegen. Oberhalb des Gasthofes befinden sich zwei Prunkstücke von Wasserfällen mit nur 10-minütigem Zustieg. Die *„Ruinenorgel"* und *„Wet Dreams"*.
Sieht man nach Norden, erblickt man eine schmale Schlucht, die "Gasteiner Klamm". Folgt man der alten Bundesstraße (für Fahrzeuge gesperrt!) einige Minuten durch die Klamm, erreicht man einen Klettergarten (links) und gleich gegenüber bietet das *„Spiegelkabinett"* eine gute Möglichkeit zum Einklettern. Geht man weiter, finden sich an den folgenden, schräg geschichteten Felsplatten, je nach Eisauflage, Klettereien nach "schottischem Geschmack".
Nach ca. 15 min erreicht man den *„Glaspalast"*, einen der bekanntesten Wasserfälle Österreichs.
Nach einer Abseilfahrt in den Grund der Klamm bietet der am Ausstieg durch einen Hochspannungsmasten leicht zu findende *„Glaspalast"* sechs schöne Seillängen, verteilt auf drei Eisstufen.
Fährt man mit dem Auto weiter in Richtung Bad Gastein, braucht man nur aufmerksam die taleinwärts linke Seite zu beachten und man findet im Bereich der Ortschaften Dorfgastein, Harbach und Laderding leichte Wasserfälle und Eisrinnen. Das Richtige für den Neuling im Wassereis.
Auf dem Gasteiner Höhenweg zwischen Bad Hofgastein und Bad Gastein finden sich Eiskletterei möglichkeiten direkt an der Promenade.

Zustieg Zugangssgeschreibungen finden sich bei den einzelnen Gebieten

Karte ÖK 1:50 000 Blätter: 124, 125, 154 und 155 oder
Gasteiner Tal, Wagrain, Großarltal (WK 1:50 000 von freytag & berndt)

Ausrichtung Je nach Fall verschieden

Inspektor **Thermalski** ermittelt in Sachen Schnee ...

Eindeutige **Schneespuren** beweisen: lückenloser **Ski-Spaß** im Gasteinertal.

Info Hotline 06432/6455

Was Inspektor Thermalski
mühsamer Detektivarbeit
aufdeckt, ist eigentlich kein Geheimnis:
Das Gasteinertal ist eines der schnee-reichsten und
schnee-sichersten Skigebiete Österreichs.

Finden Sie heraus, was Ihnen
das Gasteinertal im Winter zu bieten hat.
Fordern Sie eiskalte Beweise!

Ski & Thermal
Gasteinertal
... verdächtig viel Schnee.

C. Gasteiner Tal

C1. Klammstein bis Bad Gastein

Routen

C1.1	Glaspalast (3-5)	Seite	72
C1.2	Schottland (ohne Topo)		
C1.3	Spiegelkabinett (3+)	Seite	74
C1.4	Hot Dogs (6/6+)	Seite	74
C1.5	Wet Dreams (6)	Seite	78
C1.6	Ruinenorgel (5+)	Seite	78
C1.7	Klammsteiner (2-3, ohne Topo)	Seite	80
C1.8	Eisbären dürfen nicht weinen (1-2, ohne Topo)	Seite	80
C1.9	Remember to E.M. (3-4)	Seite	80
C1.10	Up and Down (1-2, ohne Topo)	Seite	80
C1.11	White Desire (1-2, ohne Topo)	Seite	80
C1.12	Froschmaul (4)	Seite	82
C1.13	Abendsprint (ohne Topo)	Seite	83
C1.14	Erlenfall (1-2, ohne Topo)	Seite	83

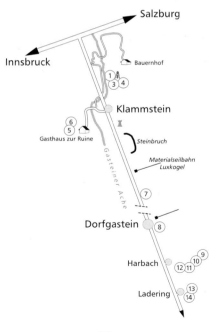

Frühstückspension
Landhaus Gletschermühle
Tel. 06434/2097 • Fax 06434/2380-30

Oase der Gemütlichkeit

Auf Ihren Besuch freut sich
Familie Bader-Zlöbl
Gletschermühlstrasse 7 • A-5640 Bad Gastein

C. Gasteiner Tal

C1. Klammstein bis Bad Gastein

Zustieg Vom Parkplatz in Klammstein der alten Straße folgend durch die Klamm, bis sich direkt gegenüber der Eisfall befindet. Die steile Böschung hinab, dort von Baum ca. 40 m in die Klamm abseilen. Eventuell für Rückzug Seil hängenlassen! (ca. 20 min)

Route

C1.1 **Glaspalast** 3 bis 5 350 m

1. Beg. F. Kromer, E. Lackner, J. Skone im Januar 1980.

Eine der ersten, ganz großen Routen des Tales und bis heute einer der bekanntesten Eisfälle Österreichs. Meist sehr gutes, kompaktes Eis, aufgeteilt auf drei Aufschwünge. Im oberen Teil mehrere schwierige Varianten möglich.

Abstieg Vom Ausstieg an einem Hochspannungsmast vorbei und in weitem Linksbogen zu Bauernhof absteigen. Weiter in Richtung Schnellstraße, bis ein Fußweg zurück in die Schlucht führt. (Achtung – Nicht über die Brücke der Schnellstraße gehen!). Im Grund der Schlucht führt eine Brücke auf die andere Talseite und man gelangt ansteigend und über einige Stiegen zurück auf die alte Straße durch die Gasteiner Klamm.

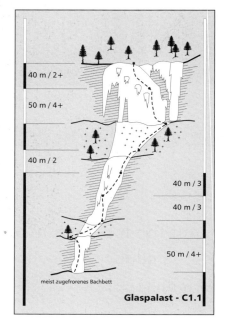

Glaspalast - C1.1

C. Gasteiner Tal

C1. Klammstein bis Bad Gastein

Zustieg Vom Parkplatz in Klammstein ca. 10 min der alten Klammstraße folgen.

Karte ÖK 1:50 000 Blätter: 124, 125, 154 und 155 oder
Gasteiner Tal, Wagrain, Großarltal (WK 1:50 000 von freytag & berndt)

Routen

C1.3	**Spiegelkabinett**	**3+**	**150 m**

1. Beg. W. Graf und B. Stummer im Februar 1980
Der Wasserfall für den Neuling im Eisklettern! Meist gutes Eis bei kontinuierlicher Neigung.

C1.4	**Hot Dogs**	**6/6+**	**40 m**

1. Beg. Hans Zlöbl und Roland Pfund am 20.2.1996
Zwei super Eissäulen oberhalb des „Spiegelkabinetts", die anfangs einen Durchmesser von 0,5 m bis 1 m aufweisen und nach oben hin massiver werden. Manchmal gibts auch kleine Eisüberhänge (dann 6 +). Bei besonders guter Eisbildung kommt es auch vor, daß die beiden Säulen zusammenwachsen und in einer Eisverschneidung geklettert werden kann (dann 5 +). Wer erfolgreich sein will, benötigt neben einer Tube Senf gute Nerven und ein 50 m Doppelseil zum abseilen.

Abstieg C1.3 Vom Ausstieg ca. 200 m nach links und vor einem kleinen Absatz an einem Baum 30 m abseilen, gerade hinunter in das Bachbett und kurz zur alten Straße aufsteigen.
C1.4 Vom Standplatz auf das breite Schneeband abseilen, und weiter wie „Spiegelkabinett" (C1.3), oder orographisch rechts von dieser Route, rechtshaltend ca. 50 m absteigen und an Bäumen 3 x abseilen. Ein 50 m-Doppelseil ist erforderlich, an den Bäumen sind Absteilstellen eingerichtet.

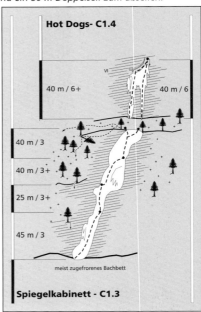

Hans Zlöbl in „Hot Dogs" (Foto: Leo Himsl)

Holiday on Ice

Die endlosen Fahrten in die angeblich sonnigen Winterklettergebiete entpuppen sich oft als Trips zu windig-kühlen Felsklapfen, denen im Winter selbst die südliche Sonne nur wenige Minuten Wärme am Tag schenkt. Wer genug vom Café Olé in zugigen Straßencafés hat, wer zwischen Weihnachten und Fasching nicht nur namenlose Bohrhaken klinken, sondern etwas erleben möchte, woran er sich auch in einigen Jahren, wenn vielleicht auch mit Grausen, so doch wenigstens erinnert, der findet schon im nahen Alpenraum Alternativen für die kalte Jahreszeit in Hülle und Fülle.

Neben Rodel-, Ski- und Schlittschuhlaufen hat sich das Wasserfallklettern als alpines Wintervergnügen etabliert. Das Klettern am gefrorenen Naß talnaher Steilabbrüche entwickelte sich innerhalb zweier Jahrzehnte von der verzweifelten Trainingsmöglichkeit für alpine Eiswände zu einer hochspezialisierten und eigenständigen Sportart. Wobei die Exponenten dieses Sports sich zu allen Jahreszeiten auch in den Eiskanälen der Hochgebirgsnordwände zuhause fühlen: Einmal an die kühle Großzügigkeit der Eiskletterei gewöhnt, wollen sie offenbar auch im Sommerloch gelegentlich das schmerzhafte Gefühl auftauender Fingerspitzen und zittrig-krampfender Waden spüren.

Entgegen sonst üblicher Lebensweisheit ist beim Eisklettern heute alles besser als früher. Bissigere Eisgeräte, ultra-warme Klamotten und wasserdichte Handschuhe haben dieser alpinen Spielart einiges von ihrem Schrecken genommen. Allerdings sind die Eisfälle immer noch nicht eingebohrt und die Standplätze weiter unbequem, werden die Finger kalt wie eh und je, beschlagen häufig die Brillengläser und fallen immer noch die unvermeidlichen Eisstücke in den Jackenkragen, um dann unter der Unterwäsche tiefer zu gleiten bis zum bitteren Ende.

Doch wer nicht entbehrt, lebt verkehrt. Der Lohn ausgestandener Ängste und erlittener Unbequemlichkeiten - und von beidem wird dem Eiskletterer reichlich zuteil - ist jenes Gefühl der Ausgeglichenheit, der Zufriedenheit und vielleicht sogar des Stolzes auf die eigene Leistung, das seit Generationen Menschen als Abenteurer in die Berge treibt. Nebenbei beginnt man noch, das abendliche Bier und den Luxus einer warmen Dusche angemessen zu würdigen - anstatt beides als völlig selbstverständliche Begleiterscheinungen menschlicher Existenz anzusehen. Wie sehr sich der Mensch doch über kleine Dinge freuen kann, wenn er sich einen Tag lang den Hintern abgefroren und die Nerven zuschanden geklettert hat!

Mit freundlicher Genehmigung entnommen aus dem Magazin **klettern** 1/96

C. Gasteiner Tal

C1. Klammstein bis Bad Gastein

Zustieg Vom Gasthof "Zur Ruine" in ca. 15 min zu den Einstiegen.
Karte ÖK 1:50 000 Blätter: 124, 125, 154 und 155 oder
Gasteiner Tal, Wagrain, Großarltal (WK 1:50 000 von freytag & berndt)
Ausrichtung O

Routen

C1.5 **Wet Dreams (= Moralkrise)** 6 90 m
*1. Beg. Greg Bourassa und Bill Daniels irgendwann in den Achtzigern.
Ein Eisfall der Superlative, der jedoch leider nur selten kletterbar ist.
Bei guter Eisbildung sind zwei volle Seillängen senkrechtes Röhreneis zu klettern.*

C1.6 **Ruinenorgel** 5+ 90 m
*1. Beg. Hannes Hinterleitner und Gerald Fellner, 1984
Einer der schönsten und beliebtesten Eisfälle in diesem Schwierigkeitsgrad.*

Abstieg C1.5 Vom Ausstieg nach links queren und an Bäumen abseilen.
C1.6 Über die Route abseilen.
Beste Zeit Dezember bis Mitte Februar
Tip C1.6 Ab Mitte Januar steht der Eisfall in der Sonne, so daß sich prachtvolle Lichtbilder anfertigen lassen.

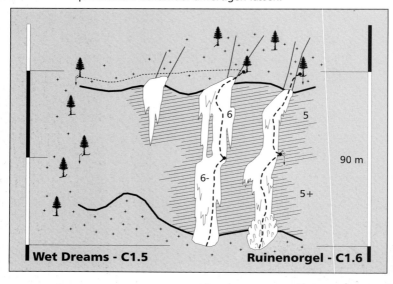

C. Gasteiner Tal

C1. Klammstein bis Bad Gastein

Zustieg	**C1.7** Kaum zu verfehlen - einminütiger Zustieg. **C1.8** Vom hintersten Ortsende von Dorfgastein in wenigen Minuten zu dem gut sichtbaren Wasserfall. **C1.9** Vom Ortsende in ca 15 Minuten in den Harbachgraben. **C1.10** Wie *„White Desire"*, zweite Eisrinne. **C1.11** Vom Ortsende in 10 bis 15 Minuten in den Harbachgraben, vorbei am *„Froschmaul"*, die erste Rinne rechts.
Karte	ÖK 1:50 000 Blätter: 124, 125, 154 und 155 oder Gasteiner Tal, Wagrain, Großarltal (WK 1:50 000 von freytag & berndt)
Ausrichtung	N - NW

Routen

C1.7	**Klammsteiner**	**2-3**	**80 m**
	1. Beg. Sepp Inhöger solo, am 13.2.1985 *Nette Eisrinne mit einminütigem Zustieg. (ohne Topo)*		
C1.8	**Eisbären dürfen nicht weinen**	**1-2**	**60 m**
	Erstbegeher unbekannt. Guter Übungswasserfall. (ohne Topo)		
C1.9	**Remember to E. M.**	**3-4**	**90 m**
	1. Beg. Sepp Inhöger solo, am 3.2.1989 *Außerordentlich schöner Eisfall mit fast immer guter Eisbildung.*		
C1.10	**Up and Down**	**1-2**	**60 m**
	1. Beg. Sepp Inhöger solo, am 3.2.1989. (ohne Topo)		
C1.11	**White Desire**	**1-2**	**60 m**
	1. Beg. Sepp Inhöger solo, am 3.2.1989. Leichte Eisrinne. (ohne Topo)		

Abstieg	**C1.7** Vom Ausstieg in Rechtsbogen durch den Wald absteigen. **C1.8** Vom Ausstieg nach rechts und über einen Waldrücken absteigen. **C1.9 bis C1.11** In weitem Rechtsbogen durch den Wald, einem schmalen Steig folgend, am Ausstieg des *„Froschmaules"* vorbei, direkt zum Parkplatz absteigen.
Beste Zeit	Ende November bis Ende April

C1. Klammstein bis Bad Gastein

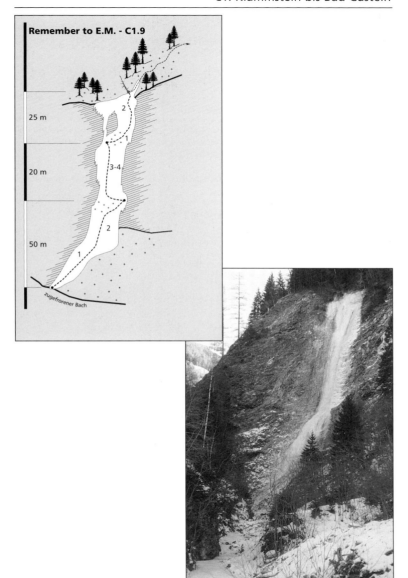

C. Gasteiner Tal

C1. Klammstein bis Bad Gastein

Zustieg Von den letzten Häusern der Ortschaft in ungefähr 5 Minuten zu der gut sichtbaren Eiswand.

Route

C1.12 **Froschmaul** 4 25 m

1. Beg. Sepp Inhöger solo, 1986

Klein aber fein! Die Eiswand bietet bis zu 10 m hohe, senkrechte Aufschwünge, die sich bestens zum Trainieren und Schulen der Eisklettertechnik eignen. Genügend Bäume bieten sich als gute Sicherungspunkte zum Toprope-Klettern an.

Abstieg Vom Ausstieg nach rechts und in 2 min zum Einstieg zurück.

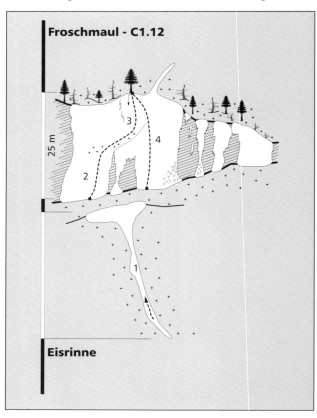

C1. Klammstein bis Bad Gastein

Zustieg Von den letzten Häusern in etwa 15 min zu den bereits von weitem sichtbaren Eisrinnen. (Laderdinger Eisrinnen)

Routen

C1.13 **Abendsprint (links)**
(ohne Topo)

C1.14 **Erlenfall (rechts)** **1-2** **150 m**
1. Beg. Sepp Inhöger solo, am 14.2.1985
Beide Eisrinnen bieten schöne Klettereien und eignen sich perfekt zum Einsteigen ins Wasserfallklettern. Meist sehr gute Eisbildung. (ohne Topo)

Abstieg In weitem Linksbogen durch einen steilen Wald zu den Einstiegen zurück oder entlang der Eisrinnen abseilen.

C. Gasteiner Tal

C2. Bad Gastein bis Böckstein

Im Gegensatz zu den im Teil C1 vorgestellten Eisfällen, ist ein Großteil der Eiskletterein in diesem Gebiet bei entsprechenden Wetterverhältnissen extrem lawinengefährdet! Entlang der Elisabethpromenade zwischen Böckstein und Bad Gastein sind auf der orographisch linken Talseite einige schöne Übungswasserfälle. Für den Anfänger ist der „Hirschkargraben", 5 min oberhalb des Hirschaustüberls in Bad Gastein, gut geeignet.

Zustieg   Wird bei den einzelnen Routen beschrieben.
Karte   Gasteiner Tal, Wagrain, Großarltal (WK 1:50 000 von f & b)
Ausrichtung SO

Routen

C2.1	Hirschkargraben (1, ohne Topo)	Seite 85
C2.2	Nasenbohrer (4, ohne Topo)	Seite 85
C2.3	Eisplatte (4, ohne Topo)	Seite 85
C2.4	Weidmahdfall (4, ohne Topo)	Seite 85
C2.5	Rote Wand Fall (4+, ohne Topo)	Seite 85
C2.6	Gamsleitenfall (1, ohne Topo)	Seite 85
C2.7	Weisser Hai (4)	Seite 86
C2.8	Hölzlwandfall (3-4)	Seite 87
C2.9	Ikarus (6)	Seite 87

Beste Zeit   Bei guter Eisbildung bereits im Spätherbst, bei geringer Schneehöhe, eher im frühen Winter.

C2. Bad Gastein bis Böckstein

Zugang C2.1 In ca. 5 min vom "Hirschaustüberl" zum Graben.
C2.2 Anschlußtour an den „Hirschkargraben"
C2.3 bis C2.5 Von der Elisabeth-Promenade in ca. 20 min zu den Einstiegen der bereits gut erkennbaren Wasserfälle.
C2.6 Vom "Gamsleitenhof" in ca. 5 min zum Wasserfall.

Routen

C2.1 Hirschkargraben 1 60 m
Begehungen bereits in den 60-er Jahren.
Nette Route, die auch noch verlängert werden kann. (ohne Topo)

C2.2 Nasenbohrer 4 10 m
1. Beg. Hans Zlöbl und Walter Pfeffer am 14.12.1991.
10 m hoher, senkrechter Aufschwung am Ende des Hirschkargrabens.
(ohne Topo)

C2.3 Eisplatte 4 60 m
1. Beg. unbekannt.
Markante Eisplatte an der Elisabeth-Promenade. (ohne Topo)

C2.4 Weidmahdfall 4 150 m
1. Beg. unbekannt.
Anfangs etwas flacher Eisfall, der sich nach oben hin aufsteilt. Manchmal Lawinengefahr! (ohne Topo)

C2.5 Rote Wand Fall 4+ 80 m
1. Beg. Hans Zlöbl und Harald Ortner, 1987.
Anfangs senkrechte Säule, später 80 °- 85 ° steil. Interessante Route. (ohne Topo)

C2.6 Gamsleitenfall 1 60 m
1. Beg. unbekannt (ohne Topo)

Abstieg C2.1 und C2.2 Über den „Nasenbohrer" (C2.2) abseilen, dann (orographisch) knapp links des „Hirschkargrabens" (C2.1) durch den steilen Wald absteigen bzw. abseilen.
C2.3 und C2.4 Vom Ausstieg nach links und durch den Wald absteigen.
C2.5 Vom Ausstieg nach links, leicht ansteigen und am Rand der Felswand durch den Wald absteigen.
C2.6 An Bäumen abseilen.

C. Gasteiner Tal

C2. Bad Gastein bis Böckstein

Zustieg C2.7 Vom "Hotel Haas" in Böckstein in ca. 10 min zum Einstieg.
C2.8 Wie bei „*Ikarus*" (C2.9) und 30 m weiter nach links.
C2.9 Gleich wie bei „*Weißer Hai*" (C2.7), dann muß jedoch der Zaun vom Wildgehege des "Hotel Haas" an der Felswand überstiegen werden. Dabei bitte den Zaun nicht beschädigen!

Karte ÖK 1:50 000 Blätter: 124, 125, 154 und 155 oder
Gasteiner Tal, Wagrain, Großarltal (WK 1:50 000 von freytag & berndt)

Ausrichtung O

Routen

C2.7	**Weisser Hai**	4	80 m

1. Beg. E. Koblmüller, W. Siebert, J. Skone im Dezember 1981.
Oft begangener Eisfall mit fast immer guter Eisbildung.

C2.8	**Hölzlwandfall**	3-4	80 m

1. Beg. unbekannt.
Netter Eisfall in sonniger Lage.

C2.9	**Ikarus**	6	100 m

1. Beg. Hans Zlöbl und Rupert Stadler am 14. Februar 1991.
Je nach Eisbildung 0,5 m bis 2 m dicke, freistehende Eissäulen.

Abstieg C2.7 Vom Ausstieg nach rechts in Richtung "Gamsleitenhof" und durch den Wald absteigen.
C2.8 Vom Ausstieg nach links und durch den Wald zurück zum "Hotel Haas".
C2.9 Vom Ausstieg nach rechts und durch einen steilen Wald bis auf das Schneeband, welches die beiden Eisaufschwünge trennt, absteigen. Von dort über die untere Eisstufe von einem Baum abseilen.

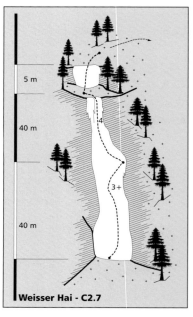

Weisser Hai - C2.7

C2. Bad Gastein bis Böckstein

von links nach rechts: „Hölzwandfall", „Ikarus" und „Weisser Hai"

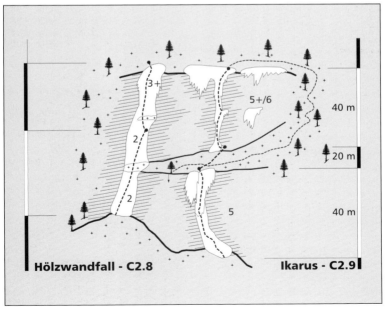

Hölzwandfall - C2.8   **Ikarus - C2.9**

C. Gasteiner Tal

C3. Böckstein – Sportgastein

Entlang der Gasteiner Alpenstraße (ab der Hälfte mautpflichtig) - zwischen Böckstein und Sportgastein - sind auf der taleinwärts rechten Seite einige der schönsten und schwierigsten Eisfälle des Tales zu sehen. Leider gibt es, aufgrund der großen Lawinengefahr, nur wenige Tage im Jahr, an denen die nach Südosten gerichteten Fälle sicher geklettert werden können. Auf der taleinwärts linken Seite meist gute Eisverhältnisse.

Routen

C3.1	Linker Doppellutscher (2-3)	Seite 89
C3.2	Rechter Doppellutscher (4)	Seite 89
C3.3	Aquarius (3, ohne Topo)	Seite 90
C3.4	Wasser auf die Au (bis 4, ohne Topo)	Seite 90
C3.5	Eviangraben (bis 4, ohne Topo)	Seite 90
C3.6	Adrenalin (4+/5-)	Seite 92
C3.7	Holiday on Ice (5/5+)	Seite 92
C3.8	Projekt	
C3.9	Popeye und die Hypertrophie (6)	Seite 94
C3.10	Yellow Submarine (5+/6-)	Seite 96
C3.11	Excalibur (4+)	Seite 96
C3.12	Hardcore (6)	Seite 96
C3.13	Liebelei (5)	Seite 98
C3.14	Wieder Amoi (3-4)	Seite 98
C3.15	Vibrations (6)	Seite 98
C3.16	Eisgarten-Couloir (3)	Seite 98
C3.17	Schleierfall (5)	Seite 100
C3.18	Future Wall	
C3.19	Eiscouloir	

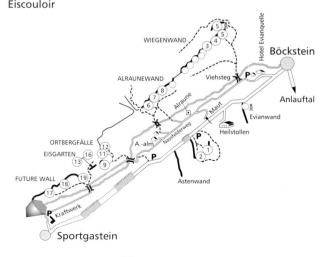

C3. Böckstein – Sportgastein

Zustieg Kurz nach der Mautstelle am Straßenrand parken und in etwa 10 min zu den von der Straße aus gut sichtbaren Wasserfällen.

Ausrichtung N bis W

Routen

C3.1 **Linker Doppellutscher** 2-3 60 m
1. Beg. W. Graf, R. Girtler und W. Schnöll im Februar 1982.
Nette Route mit kurzem Zustieg.

C3.2 **Rechter Doppellutscher** 4 80 m
1. Beg. F. Kromer und Chr. Enserer im Februar 1982.
Schöner und lohnender Eisfall, der fast den ganzen Winter über gute Verhältnisse aufweist.

Abstieg In weitem Bogen nach links und durch den steilen Wald zur Straße absteigen.

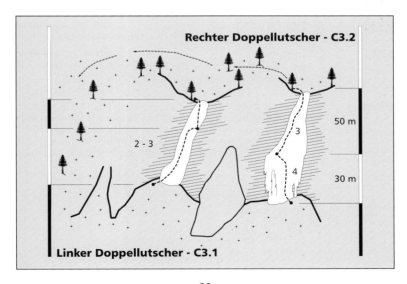

C. Gasteiner Tal

C3. Böckstein – Sportgastein (Wiegenwand)

Diese Wandflucht bietet auf einer Länge von ungefähr 1,5 km eindrucksvolle Routen, die bis zu 300 m Länge erreichen. Fährt man mit dem Auto oder dem Skibus auf der Gasteiner Alpenstraße in Richtung Sportgastein, präsentiert sich auf der gegenüberliegenden Seite des Tales eine beeindruckende Eiskulisse, die das Eiskletererherz gleich höher schlagen läßt. Dennoch sollte der Blick auch auf die darübergelegene, tausend Meter aufragende Südostflanke des Zittrauer Tisches gerichtet werden.

Anfahrt	Von Böckstein in zwei Minuten mit dem Auto zum "Hotel Evianquelle" und dort parken.
Zustieg	**C3.3 bis C3.5** Mit den Tourenskiern oder zu Fuß dem Alten Naßfelderweg nur ca. 5 Minuten Richtung Sportgastein folgen, bis man rechts den Bach auf einer Viehbrücke überqueren kann. Von dort in 20 - 30 Minuten zu den Eisfällen.
Karte	ÖK 1:50 000 Blatt 155 Bad Hofgastein oder Gasteiner Tal, Wagrain, Großarltal (WK 1:50 000 von freytag & berndt)
Ausrichtung	SO

Routen

C3.3	**Aquarius**	3	200 m

1. Beg. unbekannt. Schöne leichte Kletterei in einem schräg nach rechts ziehenden Eiscouloir, landschaftlich sehr schön. (ohne Topo)

C3.4	**Wasser für die Au**	bis 4	300 m

1. Beg. unbekannt. Eisrinne mit einigen Aufschwüngen. (ohne Topo)

C3.5	**Eviangraben**	bis 4	300 m

1. Beg. unbekannt. Eisrinne die im oberen Teil einige steile Aufschwünge bietet. Schöne Übungstour. (ohne Topo)

Sonstiges	Zwischen „*Aquarius*" (C3.3) und „*Holiday on Ice*" (C3.7) zieren noch 6 unbestiegene, bis zu 350 m lange Eisfälle die Landschaft. Die Schwierigkeit der Routen dürfte im 5. und 6. Grad liegen, bei einer Route vielleicht auch darüber. Das allergrößte Problem ist hier jedoch die extreme Lawinengefahr in diesem Abschnitt.

C3. Böckstein – Sportgastein (Wiegenwand)

Alraune bis Wiegenwand

Abstieg Die bis zu 300 m langen Routen enden alle in einer mit Sträuchern dicht bewachsenen Zone, die im Sinne des Aufstiegs nach rechts (Richtung Böckstein) durchquert wird, bis man die Hochspannungsleitung erreicht. Orographisch links der Hochspannung führt ein alter Steig durch eine Felsstufe hindurch nach Böckstein. Unterhalb des rot-weiß gestrichenen Hochspannungsmasten kann von diesem Steig orographisch nach rechts abgebogen werden, um wieder über die Viehbrücke das Auto bei der Evianquelle zu erreichen. Je nach Route 30 Minuten - 1,5 Stunden.

Beste Zeit Mit wenigen Ausnahmen wird an den Eisfällen nur im Spätherbst oder im Frühwinter bei geringer Schneehöhe und bei sicheren Verhältnissen geklettert !

C. Gasteiner Tal

C3. Böckstein – Sportgastein (Alraunewand)

Zur Gebietscharakteristik siehe den Text auf Seite 90 zur Wiegenwand

Zustieg Vom Hotel Evianquelle dem Naßfelderweg in Richtung Sportgastein folgen, an einer Betonplattform mit einem sehr markanten, ca. drei Meter hohen Kamin ("Alraune") vorbei, bis rechts ein Weg zur "Astenalm" (meist beschildert) abzweigt. Bei der Almhütte nach rechts, den Bach an einem Fußsteg überquerend zu den gut sichtbaren Eisfällen. Ca. 30 Minuten. Wenn am Talboden genügend Schnee liegt, ist das Bachbett meist zugeweht, was die Zustiege etwas abkürzen kann. Ist man ohne Skier unterwegs, empfiehlt es sich von der Mautstelle der Alpenstraße auf den Naßfelderweg abzusteigen, um so ebenfalls in kürzester Zeit die Eisfälle zu erreichen.

Karte ÖK 1:50 000 Blatt 155: Bad Hofgastein oder
Gasteiner Tal, Wagrain, Großarltal (WK 1:50 000 von freytag & berndt)

Ausrichtung S bis O und SO

Routen

C3.6 **Adrenalin** 4+/5- 160 m
1. Beg. Edi Koblmüller u. Hanns Hinterleitner am 9.3.1983.
Sehr schöne Eisroute mit homogener Schwierigkeit, meist guter Eisaufbau. Ein Klassiker des Tales.

C3.7 **Holiday on Ice** 5/5+ 200 m
1. Beg. Hans Zlöbl und Walter Pfeffer am 15.12.1993.
Eindrucksvolle Eissäulen-Kombination mit guten Standplätzen, eine "gewaltige" Route.

C3.8 **Projekt**
(bisher zwei Seillängen geklettert - ohne Topo)

Abstieg Von den Ausstiegen waagrecht nach links ausqueren bis zur tief eingeschnittenen "Astenrinne". Orographisch links der Rinne führt ein Jägersteig über den Rücken zurück zum Wandfuß (Stelle mit kurzer Eisenleiter).

Beste Zeit Hier kann meist den ganzen Winter über geklettert werden.

Sonstiges **Sportkletterroute „Homeland"VII+/A0 (7- obl.)**
1. Beg. Hans Zlöbl, sowie Josef und Andreas Meissl im Sommer 96
Schöne Plattenkletterei mit einem 5 m Abschlußdach.

Abstieg Durch Abseilen über die Route. So kann auch der Abstieg für die Eisfälle verkürzt werden. 50 m Doppelseil erforderlich. Die erste Abseilstelle ist meist vom Schnee zugedeckt, da sich die Abseilhaken in einer flachen Felsplatte befinden. Links der Abseilstelle steht eine Birke.

C3. Böckstein - Sportgastein (Alraunewand)

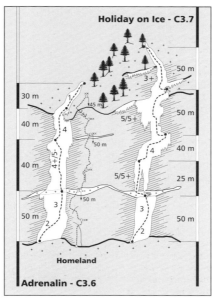

C. Gasteiner Tal

C3. Böckstein – Sportgastein (Ortbergfälle)

An den hier vorgestellten Eisfällen findet der anspruchsvolle Eiskletterer sein Betätigungsfeld. Die bis zu 250 m langen Routen bieten Superklettereien in 75°- 90° steilem Gelände. Bei ungünstiger Witterung ist jedoch größte Vorsicht geboten, denn an der über den Wasserfällen 900 m aufragenden Ostflanke des Ortberges ist dann mit großer Lawinengefahr zu rechnen!

Zustieg   Gleich nach dem ersten Tunnel der Gasteiner Alpenstraße auf der rechten Seite parken und rechts durch den Wald ca. 100 m auf den alten Naßfelderweg absteigen. Die Kesselfallbrücke überqueren und von dort in ca. 30 min über einen Rücken zu den Eisfällen aufsteigen.

Karte   ÖK 1:50 000 Blatt 155 Bad Hofgastein oder Gasteiner Tal, Wagrain, Großarltal (WK 1:50 000 von freytag & berndt)

Ausrichtung   NO

Routen

C3.9   **Popeye und die Hypertrophie**   **6**   **110 m**

1. Beg. Hans Zlöbl und Josef Meissl am 1.12.1996. Großartige Eissäule, die bei der Erstbegehung perfekte Eisverhältnisse aufwies. Der Eisfall bildet sich jedoch nur sehr selten aus und wenn, dann meist nur als äußerst dünne Eisspur. 2. SL anhaltend 5+ und 6.

Abstieg   Durch Abseilen über die Route, am zweiten und dritten Standplatz sind Abseilstellen eingerichtet. Doppelseil (50 Meter) unbedingt erforderlich.

Beste Zeit   Nur selten möglich

C3. Böckstein - Sportgastein (Ortbergfälle)

Lawinenabgang im Bereich der Ortbergfälle

von links nach rechts: „Popeye und die Hypertrophie" (C3.9) bis „Hardcore" (C3.12)

C. Gasteiner Tal

C3. Böckstein – Sportgastein (Ortbergfälle)

Routen

C3.10 **Yellow Submarine** 5+/6- **200 m**
   1. Beg. Richard Ebner und Sepp Inhöger am 2.3.1986.
   Nicht zu unterschätzender Eisfall, der in der Schlüsselseillänge oftmals schlechtes Eis aufweist. (Eispilze und fragiles Röhreneis)

C3.11 **Excalibur** 4+ **250 m**
   1. Beg. Edi Koblmüller und Hannes Hinterleitner am 1.2.1984.
   Großartige und vielbegangene Route, meist guter Eisaufbau.

C3.12 **Hardcore** 6 **230 m**
   1. Beg. Hans Zlöbl und Josef Steinbacher am 5.12.1993.
   Interessante Kletterei an einer 50 m hohen, freistehenden Eissäule, mit meist fragilem Röhreneis, z. Teil bilden sich auch kleinere Überhänge.

Abstieg 1. Von den Ausstiegen linkshaltend zu kleinem Plateau, weiter nach links durch den Wald auf einen freien Hang, diesen überqueren und anschließend einen Steig weiter in südlicher Richtung absteigen. Auf dem Naßfelderweg zurück zur Kesselfallbrücke. Oder...
2. Vom Ende des Plateaus (über „Popeye") an Bäumen (am 2. und 3. Standplatz sind Abseilstellen eingerichtet) abseilen.
50 m - Doppelseil unbedingt erforderlich.

C3. Böckstein - Sportgastein (Ortbergfälle)

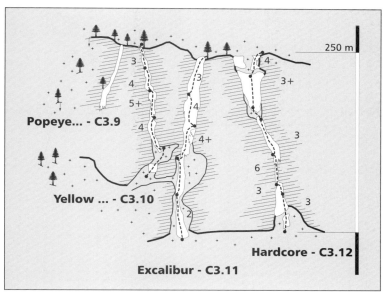

C. Gasteiner Tal

C3. Böckstein – Sportgastein (Eisgarten)

Ausgesprochen schöne Klettermöglichkeiten auf halbem Weg von Böckstein nach Sportgastein. Die etwa 60 m hohe Eiswand bietet auf engstem Raum die verschiedensten Schwierigkeiten.

Zustieg Gleich nach dem ersten Tunnel der Gasteiner Alpenstraße rechts parken. Nach rechts durch den Wald etwa 100 m auf den Naßfelderweg zur Kesselfallbrücke absteigen und diesem ca. 20 Minuten in Richtung Sportgastein folgen.

Karte Gasteiner Tal, Wagrain, Großarltal (WK 1:50 000 von freytag & berndt)

Ausrichtung O

Routen

C3.13 Liebelei 5 60 m
1. Beg. Hans Zlöbl und Sepp Meissl am 22.2.1994.
Anfangs über eine freistehende Säule auf einen Absatz und weiter in 85° - 90° steilem Gelände.

C3.14 Wieder Amoi 3-4 60 m
1. Beg. Josef Steinbacher und Heinrich Lechner, 1994.
Schöne Route mit kontinuierlicher Neigung.

C3.15 Vibrations 6 60 m
1. Beg. Hans Zlöbl und Sepp Meissl am 25.2.1994.
Interessante Kombination von kleinen Säulen. Eine Passage 6 (0,2 m - 0,5 m dünne, 8 m hohe Eissäule), sonst 4.

C3.16 Eisgarten-Couloir 3 60 m
1. Beg. Hans Zlöbl am 6.3.1996.
Schönes, in Felsen eingebettetes Couloir.

Abstieg In den Routen „Liebelei" (C3.13) und „Vibrations" (C3.15) sind Abseilstellen eingerichtet. (mindestens 45m-Doppelseil).

C3. Böckstein – Sportgastein (Eisgarten)

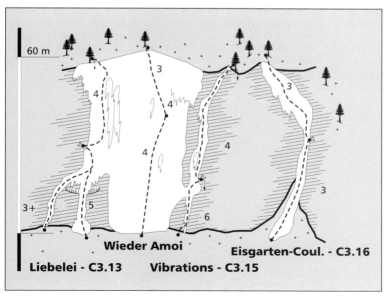

Liebelei - C3.13 **Wieder Amoi** **Vibrations - C3.15** **Eisgarten-Coul. - C3.16**

C. Gasteiner Tal

C3. Böckstein – Sportgastein (Future Wall)

Lange und anspruchsvolle Wege, die teilweise Gedanken an bekannte kanadische Eisfälle aufkommen lassen.

Zustieg	**C3.17** Vom Kraftwerk in Sportgastein dem Naßfelderweg talauswärts folgen, bis man an der "Langen Brücke" den Bach überqueren kann und so zum Eisfall gelangt. ca. 30 min.
Karte	ÖK 1:50 000 Blatt 155 Bad Hofgastein oder Gasteiner Tal, Wagrain, Großarltal (WK 1:50 000 von freytag & berndt)
Ausrichtung	O

Routen

C3.17 **Schleierfall** 5 210 m
  1. Beg. Sepp Inhöger und Walter Pfeffer am 21.1.1985.
  Imposantes Eisschild, das ein wenig an die berühmte kanadische „Weeping Wall" erinnert. Anhaltend 4 mit einer Länge im 5. Grad

C3.18 **Future Wall**
  (unbestiegen - ohne Topo)

C3.19 **Eiscouloir**
  (unbestiegen - ohne Topo)

Abstieg	**C3.17** Zuerst die breite Schneerinne zur Staumauer des Bockhartsees aufsteigen – auf Lawinengefahr achten! – von dort entlang der Werksstraße (kurzer, unbeleuchteter Tunnel) nach Sportgastein absteigen. (ca 1,5 h)
Beste Zeit	Dezember bis Jänner

C3. Böckstein – Sportgastein (Future Wall)

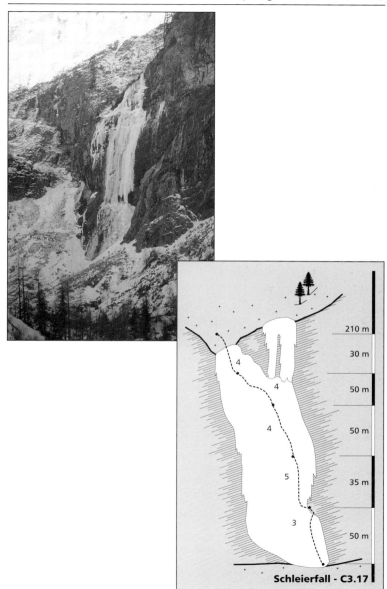

Schleierfall - C3.17

C. Gasteiner Tal

C4. Sportgastein – Siglitztal

Sportgastein, ein Hochtal wie aus dem Bilderbuch. Eingerahmt von Dreitausendern bildet das Naßfeld, wie es hieß bevor die Sportler kamen, ein hochalpines Ambiente für vielerlei sportliche Betätigungen.
Mit der Erstbegehung des „Highlanders" (C4.1) wurde 1993 im Gasteinertal ein neues Kapitel der Eiskletterngeschichte geschrieben. Ganz unabhängig davon, wie schwer oder leicht man die Route vorfindet, sie wird für jeden Beheger eine besondere Tour bleiben.
Auch der etwas versteckt gelegene „Siglitzfall" ist sicherlich einen Besuch wert.

Zustieg	Wird bei den entsprechenden Touren aufgelistet.
Karte	ÖK 1:50 000 Blatt 155 Bad Hofgastein oder Gasteiner Tal, Wagrain, Großarltal (WK 1:50 000 von freytag & berndt)
Ausrichtung	N

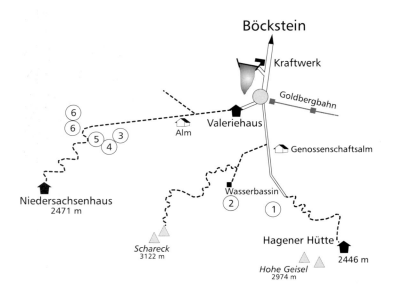

C4. Sportgastein – Siglitztal

Routen

C4.1	Highlander (7-, A2-A3) ....Seite 104
C4.2	Solo für zwei (3/3+, ohne Topo) ....Seite 105
C4.3	Spieglein an der Wand (3/3+, ohne Topo) ....Seite 106
C4.4	Siglitz-Couloir (2-3, ohne Topo) ....Seite 106
C4.5	Siglitzfall (4+) ....Seite 106
C4.6	Niedersachsenfälle (ohne Topo) ....Seite 106

Abstieg Die Abstiege werden bei den jeweiligen Routen besprochen.

Beste Zeit Da das Gebiet auf 1600 m Höhe liegt, finden sich hier oft schon ab Ende November ganz passable Eisverhältnisse.

Sonstiges Am *„Highlander"* (C4.1) kann meist bis Ende März geklettert werden.

Bei der Erstbegehung des „Highlander"

C. Gasteiner Tal

C4. Sportgastein

C4.1 **Highlander** **7-,A2-3** **150 m**

1. Beg. Hans Zlöbl und Josef Steinbacher am 13.3.1993.
Eine höchst außergewöhnliche Kletterei in einer 15 m überhängenden Felswand, an deren oberem Ende eine Kombination aus drei frei herabhängenden Eiszapfen zu erklettern ist. Aus dem Inneren der äußersten Eisröhre donnert ein Wasserstrahl in die Tiefe !
Ein Rückzug aus der Schlüsselpassage dürfte äußerst schwierig sein.
Eine der Toprouten des Gebietes!
Material: Bund Haken, Klemmkeile, Bandleiter.

Zustieg Von Sportgastein mit Tourenskiern in 1 Stunde zu dem vom Parkplatz aus gut sichtbaren Wasserfall.

Abstieg Vom Ausstieg unschwierig in weitem Bogen nach links und zurück zum Einstieg.

Warnung Der Eisfall selbst kann zwar als lawinensicher bezeichnet werden, dies gilt jedoch nicht für die Zustiegsrinne!

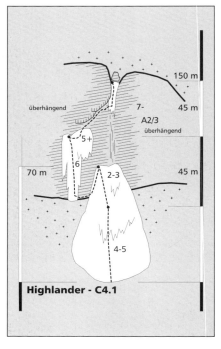

C4. Sportgastein

C4.2 **Solo für zwei** **3/3+** **80 m**

1. Beg. Simon Pichler u. Hans Zlöbl, gleichzeitig und seilfrei im Jänner 1988. Meist schon ab Mitte November begehbarer Eisfall, der zwischen zwei Felsblöcken herabzieht. Nach Neuschneefällen ist es oft schwierig den Wasserfall in der Bergflanke des Scharecks auszumachen. (ohne Topo)

Zustieg Vom Parkplatz in Sportgastein mit Skiern zur Genossenschaftsalm (auch im Winter geöffnet), weiter in Richtung Schareck und entlang eines andeutungsweise erkennbaren Weges zum Wasserbasin. Von dort zu dem bereits gut sichtbaren Wasserfall. ca. 1 h.

Abstieg In weitem Linksbogen zurück zum Einstieg.

C. Gasteiner Tal

C4. Sportgastein – Siglitztal

Neben den kleineren Wasserfällen links und rechts im Talkessel, bietet der etwas versteckte Siglitzfall drei sehr schöne Seillängen in zumeist gutem, kompaktem Eis.

Zustieg Vom Parkplatz in Sportgastein in ca. 30 min mit Skiern zu den weithin sichtbaren Eisfällen.

Ausrichtung N

Routen

C4.3 **Spieglein an der Wand** 3/3+ 160 m
1. Beg. Hans Zlöbl solo am 20.11.1993.
Geneigte Felsplatten mit zum Teil nur dünner Eisauflage. (ohne Topo)

C4.4 **Siglitz-Couloir** 2-3 250 m
1. Beg. Walter Pfeffer u. Andreas Birner im Winter 1988.
Leichte Eistour, die nach zwei Seillängen meist in eine 45° steile Schnee- oder Firnrinne übergeht. (ohne Topo)

C4.5 **Siglitzfall** 4+ 130 m
1. Beg. Josef Steinbacher und Hans Zlöbl am 16.1.1993.
Ausgesprochen schöner und lohnender Eisfall, der meist bis spät ins Frühjahr hinein begangen werden kann.

C4.6 **Niedersachsenfälle**
Bis zu 40 m hohe, nach SO ausgerichtete Eisaufschwünge, in denen die verschiedensten Routenvarianten möglich sind. (ohne Topo)

Abstieg **C4.3** Vom Ende des Eises bis auf ein die ganze Wand nach links durchziehendes Schneeband aufsteigen und diesem nach links folgen, bis eine Möglichkeit zum Absteigen offensichtlich wird. Zum Teil in leichter Kletterei absteigen.
C4.4 Das breite Schneeband am Ende des Couloirs nach rechts verfolgen, bis sich eine offensichtliche Möglichkeit zum Abstieg bietet. Es ist auch möglich von diesem Schneeband die Route in gerader Linie in Richtung Schareck fortzusetzen. Anfangs wird in kombinierter Kletterei ein ca. 150 m langes Couloir durchstiegen und in weiterer Folge die äußerst brüchige Nordwand des aperen Schareck. Der gesamte Höhenunterschied beträgt dann ca. 1100 m.
C4.5 Über die Route 3 x 45 m abseilen, Standplätze sind im Fels eingerichtet.

Beste Zeit Die Einstiege der Wasserfälle befinden sich in 1700 m Seehöhe und sind daher im Herbst oft schon ab Mitte bis Ende November begehbar.

C4. Sportgastein – Siglitztal

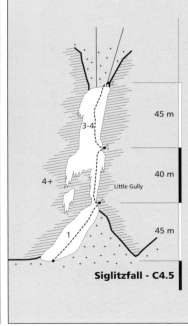

Siglitzfall - C4.5

C. Gasteiner Tal

C5. Bad Gastein –- Kötschachtal

Zustieg   Vom Parkplatz im Kötschachtal (Hoteldorf Grüner Baum) zu Fuß oder mit Skiern auf einem breiten Weg, auf dem auch Pferdeschlitten verkehren, in ca. 1 Stunde zum Waldgasthof Prossau. Am Weg dorthin findet man auf der taleinwärts linken Seite schon etliche Klettermöglichkeiten.

Von der Prossau gelangt man in einer weiteren halben Stunde in die "Hintere Prossau", wo gleich eine massive Eiswand am Talschluß auffällt. Die weiteren Zugänge zu den Eisfällen sind dann offensichtlich.

Die Route „Top Secret" liegt etwas versteckt und ist erst vom Einstieg zum „Tischler-Couloir" einsehbar. Der Zu- und Abstieg zu „Hängender Garten", „Zombiball" und „Blue Star" erfolgt durch eine bis zu 40° steile Rinne, die einige Blankeispassagen aufweist. Alle Zustiege sind meist mit Skiern möglich.

Auf Lawinengefahr aus dem Tischlerkar achten!

Karte   ÖK 1:50 000 Blatt 155 Bad Hofgastein oder
Gasteiner Tal, Wagrain, Großarltal (WK 1:50 000 von freytag & berndt)

Ausrichtung   Je nach Lage verschieden.

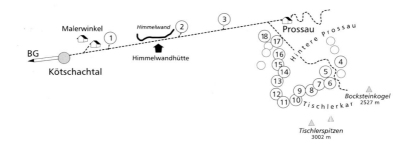

C5. Bad Gastein – Kötschachtal

Routen

C5.1	Blauer Sonntag (3-4, ohne Topo)	Seite 110
C5.2	Himmelwandeisfall (3-4, ohne Topo)	Seite 110
C5.3	Fiakerwand (ohne Topo)	Seite 110
C5.4	Bocksteinkogel-Supercouloir (5+, Topo S. 116)	Seite 112
C5.5	Bärensteig-Couloir (4+, Topo S. 116)	Seite 112
C5.6	Gigant (2-3, Topo S. 117)	Seite 113
C5.7	Tischlerfall (6/6+, Topo S. 117)	Seite 113
C5.8	Samson (2-3, Topo S. 117)	Seite 113
C5.9	Tischler-Couloir (1-3+, Topo S. 117)	Seite 114
C5.10	Top Secret (6+/A2,)	Seite 114
C5.11	Blue Star (4+)	Seite 118
C5.12	Zombiball (6+/A2)	Seite 118
C5.13	Hängender Garten (5+)	Seite 118
C5.14	Schluchtenscheisser (2, ohne Topo)	Seite 120
C5.15	Lonely Boy (3)	Seite 120
C5.16	Märchenprinz (3/3+)	Seite 120
C5.17	Kerze (4+)	Seite 120
C5.18	Akarfall (6/6+)	Seite 122

Abstieg Die einzelnen Abstiege werden bei den entsprechenden Routen aufgeführt.

Beste Zeit Von Dezember bis Mitte März meist gute Eisverhältnisse.

Sonstiges Bei der Rückfahrt von der Prossau mit Skiern muß damit gerechnet werden, daß Pferdeschlitten auf dem Weg sind. Um Unfälle zu vermeiden, bitte besonders kontrolliert abfahren und rechtzeitig den Weg freimachen!

C. Gasteiner Tal

C5. Bad Gastein – Kötschachtal (Himmelwand)

Zustieg C6.1 Vom Parkplatz im Kötschachtal in etwa 15 min zu den alten Bauernhäusern des Malerwinkels. Von dort in weiteren 15 min zum Wasserfall.
C6.2 Vom Hoteldorf Grüner Baum in etwa 20 Minuten, vorbei an der Himmelwand, zu dem leicht zu findenden Eisfall.

Karte ÖK 1:50 000 Blatt 155 Bad Hofgastein oder
Gasteiner Tal, Wagrain, Großarltal (WK 1:50 000 von freytag & berndt)

Ausrichtung SW

Routen

C5.1 **Blauer Sonntag** 3-4 100 m
1. Beg. Sepp Inhöger, Walter Pfeffer, Hubert Fritzenwallner, Hans Brandtner am 20.1.1985. Schöner Eisfall, jedoch Vorsicht wegen großer Sonneneinstrahlung. (ohne Topo)

C5.2 **Himmelwand-Eisfall** 3-4 150 m
1. Beg. Walter Pfeffer und Sepp Inhöger am 9.2.1991.
Aufgrund der meist großen Lawinengefahr nur sehr selten begehbar. Die Erstbegeher stiegen im Anschluß eine bis zu 40° steile Firnrinne weiter bis zum 2434 m hohen "Glaserer", was einen Höhenunterschied von 1200 m ergibt! (ohne Topo)

Abstieg C5.1 Rechts des Wasserfalls an Bäumen abseilen.
C5.2 Abseilen über den Wasserfall.

C5. Bad Gastein – Kötschachtal (Fiakerwand)

Auf halbem Weg zur Prossau findet man auf der taleinwärts linken Seite eine etwa 100 m - 150 m hohe und 500 m breite Felswand, die von einer ganzen Reihe von Eisfällen durchzogen ist, die vermutlich interessante Klettereien bieten und ziemlich lawinensicher sind.
Bisher sind noch keine Begehungen bekannt, es ist jedoch ein großes Routenpotential vorhanden.

Zustieg Vom Prossauweg in 5-15 min zu den jeweiligen Einstiegen.
Ausrichtung SW
Abstieg Abseilen entlang der Routen dürfte von Vorteil sein.

CLIMB ANYTHING ANYWHERE ANYTIME

ALIEN

PREDATOR

**NEUE DISTRIBUTOR
EXCALIBUR DISTRIBUTION DEUTSCHLAND
BUCHENSTRASSE 36,
D-73035 GOEPPINGEN
TEL: (07161) 923798 FAX: (07161) 923799
WWW:http://www.dmm.wales.com**

C. Gasteiner Tal

C5. Bad Gastein – Kötschachtal (Hint. Prossau)

Ausrichtung N bis NW

Routen

C5.4   **Bocksteinkogel-Supercouloir**   5+   400 m
1. Beg. Hans Zlöbl und Walter Pfeffer am 20.1.1989.
Tief in Felswände eingebettetes Couloir, das neben steilen Eisaufschwüngen auch immer wieder Gehgelände aufweist. In der 1. Seillänge eine Passage 5/5 + (kl. Überhang), ansonsten 1 - 3. (Topo S. 116)

C5.5   **Bärensteig-Couloir**   4+   250 m
1. Beg. Walter Pfeffer und Hans Zlöbl am 7.1.1990.
Etwas versteckte Route in der Felswand links des „Giganten". Erste Seillänge 4 +, sonst meist 3. (Topo Seite 116/117)

Bocksteinkogel

Schlüsselstelle im „Tischlerfall"

Abstieg   **C5.4** Vom Ausstieg ein breites Schneefeld nach rechts queren und weiter über den Bärensteig absteigen.
C5.5 Die Route endet direkt neben dem Bärensteig, und über diesen absteigen.

C5. Bad Gastein – Kötschachtal (Hint. Prossau)

Routen

C5.6   **Gigant**   2-3   bis 400 m
1. Beg. Sepp Inhöger, Erwin Reinthaler, Hans Krimpelstätter, Hubert Fritzenwallner, Gerald Zussner, Felix Salfitzky am 3.2.1990.
(je nach Schneelage kann die Länge zwischen 300 und 400 m variieren)
Gigantische Eisfläche, die fast immer begehbar ist. Durch die geringe Neigung kann es vorkommen, daß in schneereichen Wintern große Teile im Ein- u. Ausstiegsbereich zugeschneit sind. (Topo Seite 117)

C5.7   **Tischlerfall**   6/6+   200 m
1. Beg. Hans Zlöbl und Sepp Meissl am 8.2.1996.
Im Mittelteil extrem schwierige Säule, meist fragiles Röhreneis, gespickt mit Eispilzen, dadurch schlechte Sicherungsmöglichkeiten. Die vielleicht schwierigste Seillänge in der Hinteren Prossau, was reine Eiskletterei betrifft. (Eine Seillänge 6/6 +, Rest 1) (Topo Seite 117)

C5.8   **Samson**   2-3   bis 400 m
1. Beg. Sepp Inhöger und Harald Ortner am 4.2.1990.
Je nach Schneelage kann die Länge zwischen 300 und 400 m variieren.
Massige Eisfläche. (Topo Seite 117)

Abstieg   **C5.6** Vom Ausstieg nach links und über den Bärensteig absteigen. (teilweise Steilstufen)
C5.7 Vom Ende der großen Eisplatte nach rechts, an großer, markanter Lärche vorbei und über die Felsrippe zwischen *„Tischlerfall"* (C5.7) und *„Samson"* (C5.8) etwa 120 m bis zum ersten größeren Absatz absteigen. An einem Baumstumpf können die letzten 50 m problemlos abgeseilt werden und je nach Schnee- oder Eislage über das Einstiegseisschild abgestiegen werden.
C5.8 bis C5.10 Am Ausstieg rechtshaltend die erste Schneerinne absteigen.(vorbei an *„Blue Star"* (C5.11) und *„Hängender Garten"* (C5.13). Unten kleinere Eisstufen abklettern.

„Gigant" bis „Blue Star"

C. Gasteiner Tal

C5. Bad Gastein – Kötschachtal (Hint. Prossau)

Routen

C5.9	**Tischler Couloir**	**1-3+**	**250 m**

1. Beg. Hans Zlöbl und Walter Pfeffer am 16.1.1989
Landschaftlich außergewöhnlich schöne Kletterei mit fast immer guten Verhältnissen. (Topo Seite 117()

C5.10	**Top Secret**	**6+,A2**	**230 m**

1. Beg. Hans Zlöbl und Sepp Meissl am 15.1.1996.
Extrem schwierige Kletterei, anfangs an einer nur wenige Zentimeter dünnen Eisglasur, die in glatten Felsplatten endet. Ein zwei Meter ausladender Felsüberhang wird A2 überklettert, von der Dachkante muß dann frei weitergeklettert werden. Die Länge von 230 m setzt sich aus 130 Metern Kletterei und 100 Metern Zustiegscouloir zusammen. Eine der Toprouten des Gebiets.

Abstieg **C5.8 bis C5.10** Vom Ausstieg gleich nach rechts in die erste Schneerinne, vorbei an „Blue Star" (C5.11) und „Hängender Garten" (C5.13), absteigen. Im unteren Teil sind einige kleinere Eisstufen abzuklettern.

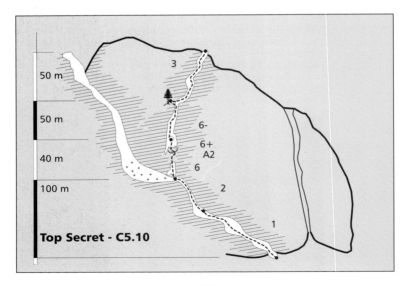

C5. Bad Gastein - Kötschachtal (Hintere Prossau)

"Tischler-Couloir" und "Top Secret"

Schlüsselseillänge von "Top Secret"

Panico
DER EISSPEZIALIST

Wasserfallklettern in der Schweiz
von Urs Odermatt

40 Gebiete zwischen Albigna und dem Zwischbergental. Eiskletterreien aller Schwierigkeitsgrade - von leichten Anfängerkaskaden bis zu Xavier Bongards „Crack Baby" und Robert Jaspers „Reise ins Reich der Eiszwerge". Eis-Pflichtlektüre.

Format 185 x 120, 176 Seiten, 34.80 DM

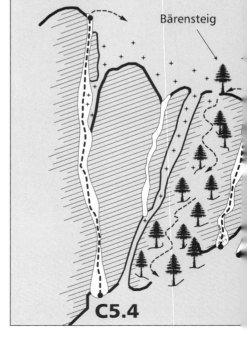

C5. Bad Gastein – Kötschachtal (Hintere Prossau)

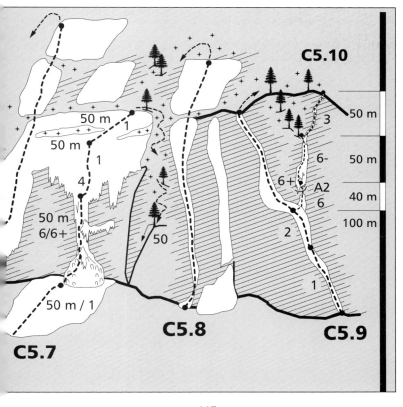

C. Gasteiner Tal

C5. Bad Gastein – Kötschachtal (Hint. Prossau)

Routen

C5.11 **Blue Star** 4+ 60 m
1. Beg. Hans Zlöbl und Josef Steinbacher am 23.2.1992.
Meist Kompakteis von guter Qualität, je nach Eisaufbau sind oft links u. rechts der Route schwierigere Varianten möglich.

C5.12 **Zombiball** 6+, A2 85 m
1. Beg. Hans Zlöbl und Andreas Meissl am 18.1.1996.
Interessante Kletterei, beginnend an dünnen freistehenden Zapfen, die dann in leicht überhängende Eispilze übergehen und schließlich im Fels enden. Danach klettert man einige Meter im Fels 2 x A 1, steigt dann auf eine ca 1,5 m dicke, freihängende Eissäule und im senkrechten Eis zum Stand. Eine der Toprouten des Gebietes.

C5.13 **Hängender Garten** 5+ 115 m
1. Beg. Sepp Inhöger und Walter Pfeffer am 21.1.1990.
In der zweiten Seillänge zum Teil schwierige Kletterei an Röhreneis.

Abstieg Vom Ausstieg nach links und an der niedrigsten Stelle der Felswand 50 m von einem Baum abseilen oder in weitem Bogen nach links gehen und über einige kleinere Fels- und Eisstufen abklettern.

Ausrichtung N

C5. Bad Gastein – Kötschachtal (Hintere Prossau)

"Zombiball"

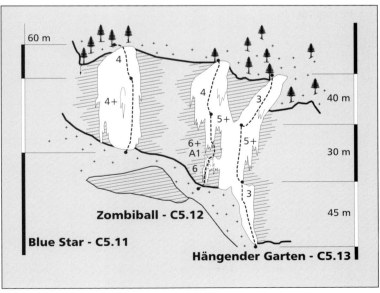

Blue Star - C5.11
Zombiball - C5.12
Hängender Garten - C5.13

C. Gasteiner Tal

C5. Bad Gastein – Kötschachtal (Hint. Prossau)

Routen

C5.14	**Schluchtenscheisser**	2	200 m

1. Beg. Sepp Inhöger und Erwin Reinthaler am 20.1.1990.
Landschaftlich schöne Eistour, vorausgesetzt die Rinne ist nicht zugeschneit. (ohne Topo)

C5.15	**Lonely Boy**	3	180 m

1. Beg. Sepp Inhöger solo am 14.1.1990.
Schöne, gleichmäßig schwierige Kletterei.

C5.16	**Märchenprinz**	3/3+	125 m

1. Beg. Hans Zlöbl und Walter Pfeffer am 16.1.1989.
Meist gutes Kompakteis mit homogener Schwierigkeit.

C5.17	**Kerze**	4+	150 m

1. Beg. Walter Pfeffer und Sepp Inhöger am 13.1.1990.
Nach oben immer steiler werdende Eisroute, oftmals nur dünnes Eis, aber schöne Kletterei.

Abstieg   **C5.14 und C5.15** Vom Ausstieg nach rechts und an Bäumen abseilen.
C5.16 Vom Ausstieg nach links und an Bäumen abseilen.
C5.17 Vom Ausstieg nach rechts und über einen steilen Schneehang absteigen.

Ausrichtung NO

C5. Bad Gastein – Kötschachtal (Hintere Prossau)

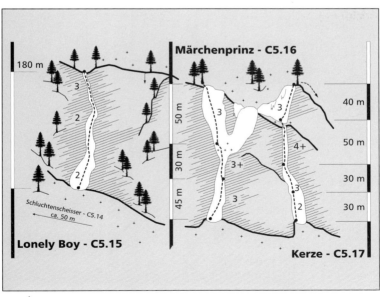

C5. Bad Gastein – Kötschachtal (Hint. Prossau)

Zustieg Vom Waldgasthof Prossau ca. 10 min in Richtung „Hintere Prossau" gehen, bis man den rechts gelegenen, gut erkennbaren Eisfall erreicht.

Ausrichtung NO

Routen

C5.18 Akarfall 6/6+ 120 m
1. Beg. Hans Zlöbl und Josef Meissl am 30.1.1996.
Trotz einer Durchschnittsneigung von nur 80° sollte die Route nicht unterschätzt werden, denn es bildet sich meistens nur schlechtes bis zapfiges Eis, gespickt mit Eispilzen. Im ersten Aufschwung entsteht meist ein Eisüberhang durch Eispilze. Eine Passage 6/6+, sonst meist 4.

Abstieg Vom Ausstieg nach rechts, zuerst im Wald absteigen, dann entlang des Wasserfalls an Bäumen 2x abseilen.

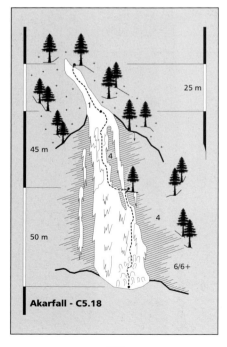

Akarfall - C5.18

FUNCTIONAL MODERN MOUNTAIN WEAR

NO LIMIT ON ICE

Andreas Orgler. *Free-Solo*. Pinnistal/Stubaital. Route: „Männer ohne Nerven". Photo: Dr. Erich Gatt

C. Gasteiner Tal

C6. Böckstein – Anlauftal

Diese Ecke des Gasteinertales ist wohl eine der wildesten in Bezug auf das Eisklettern. Auf engstem Raum zieht eine Superroute neben der anderen ins Höhkar hinauf. Eines der letzten großen Probleme in dieser Gegend ist der „Rodeo". War es das eine Mal zuwenig Eis, was den Durchstieg verhinderte, war es das andere Mal zu warmes Wetter, oder dann wieder der zu übermächtig herabhängende und zu brechen drohende Rieseneiszapfen, der an der Kante eines 4 m ausladenden Daches frei herabhängt. Aber eines Tages wird alles passen, und der richtige Kletterer wird zur richtigen Zeit am richtigen Ort sein, um den „Rodeo" zu Ende zu reiten.

Karte ÖK 1:50 000 Blatt 155 Bad Hofgastein oder
Gasteiner Tal, Wagrain, Großarltal (WK 1:50 000 von freytag & berndt)

Ausrichtung N bis NO

Zustieg Vom Parkplatz am Ortsende mit Tourenskiern auf der Forststraße ca. 10 min in Richtung Radeckalm, bis vor einem Wildgatter ein Weg nach rechts in Richtung Eisarena abzweigt. Diesem Weg bis zu seinem Ende vor einer Wildbachverbauung folgen (Baum mit Jägerhochstand). Von hier kann man bereits alle Wasserfälle sehen. Nun über einen steilen Schneehang zu der jeweiligen Route. (ca. 1 h)

Im Frühwinter oder bei sehr wenig Schnee, wenn der Zustieg ohne Ski erfolgt, führt vom hintersten Ende des Parkplatzes der Höhkarsteig ebenfalls in die Eisarena.

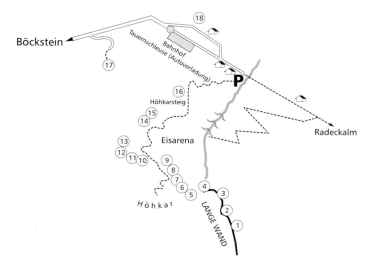

C6. Böckstein – Anlauftal

Routen

C6.1	unbestiegen (ohne Topo)	
C6.2	Lange Wand Fall (unbestiegen, ohne Topo)	
C6.3	Rain Man (5/A1)	Seite 126
C6.4	Höhkarfall (2-3, ohne Topo)	Seite 128
C6.5	Almrosen-Couloir (1-5, ohne Topo)	Seite 128
C6.6	Vergissmeinnicht (3-4, ohne Topo)	Seite 128
C6.7	Solospieler (3, ohne Topo, Foto S. 129)	Seite 128
C6.8	Fenstergucker (bis 5)	Seite 130
C6.9	Federweiss-Fall (4)	Seite 130
C6.10	Seidenraupe (5)	Seite 132
C6.11	Rodeo (Projekt)	Seite 134
C6.12	Mordor (5)	Seite 134
C6.13	Supervisor (6)	Seite 134
C6.14	Gamsstubenfall (unbestiegen, ohne Topo)	Seite 136
C6.15	Gamsstubenfall (unbestiegen, ohne Topo)	Seite 136
C6.16	Mauerblümchen (5+, ohne Topo)	Seite 136
C6.17	Reinfall (4, ohne Topo)	Seite 137
C6.18	Dreikönigsfall (4+, ohne Topo)	Seite 137

Beste Zeit   Hier findet man meist den ganzen Winter über gute Eisverhältnisse vor.

Warnung   Bei Föhnwetterlage (= starker Wind aus S bis SO) kommt es vor, daß sich im Ausstiegsbereich der Wasserfälle große Triebschneeansammlungen bilden, und dadurch ofmals unabhängig von Niederschlägen große Lawinengefahr herrscht!

Eisarena

C. Gasteiner Tal

C6. Böckstein – Anlauftal (Lange Wand)

Zustieg   s. Karte Seite 124

Karte   ÖK 1:50 000 Blatt 155 Bad Hofgastein oder
Gasteiner Tal, Wagrain, Großarltal (WK 1:50 000 von freytag & berndt)

Ausrichtung NO

Routen

C6.3   **Rain Man**   5,A1   70 m
1. Beg. Andreas u. Josef Meissl am 6.1.1997.
Außerordentlich schöne, interessante Kletterei. Kurze Stelle 5, sonst 4; 5 m A1.

Abstieg   Vom Ausstieg einige Meter nach rechts und an einem Baum mit vorbereiteter Abseilstelle 50 m auf einen Absatz abseilen, dann von einem weiteren Baum 30 m über eine Steilwand direkt zum Einstieg abseilen.

Beste Zeit   siehe Einführung auf Seite 124

„Rain Man" (C6.3)

C6. Böckstein – Anlauftal

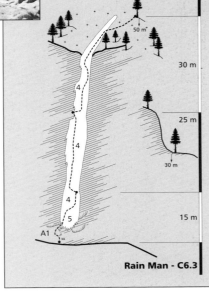

Rain Man - C6.3

C. Gasteiner Tal

C6. Böckstein – Anlauftal

Routen

C6.4   **Höhkarfall**   2-3   150 m
1. Beg. Walter Pfeffer und Sepp Inhöger am 22.1.1984.
Der erste in der Arena begangene Eisfall. Meist gutes Eis bei kontinuierlicher Neigung. (ohne Topo)

C6.5   **Almrosen-Couloir**   1-5   150 m
1. Beg. Hans Zlöbl und Walter Pfeffer am 24.1.1989.
Anfangs schmale, 45°-50° steile Rinne, die am Ende zwei steile Aufschwünge aufweist, welche jedoch nur selten vereisen. Ist der letzte Aufschwung nicht vereist, kann links in steiles Almrosengelände ausgewichen werden. Meist 1, in der Ausstiegsseillänge 5. (ohne Topo)

C6.6   **Vergissmeinnicht**   3-4   150 m
1. Beg. Hans Zlöbl solo am 15.12.1996.
Schöne Eisrinne mit kurzen senkrechten Stellen. Direkter Ausstieg über einen ca. 40 m hohen Eisvorhang möglich, dann 5/5+. (ohne Topo)

C6.7   **Solospieler**   3   120 m
1. Beg. Hans Zlöbl solo am 11.2.1990.
Etwas unscheinbare, aber schöne Eisrinne mit schwierigen Varianten im Mittelteil. (ohne Topo)

Ausrichtung N

Abstieg   **C6.4** Vom Ausstieg nach rechts zu einem markanten Baum mit Abseilschlingen. 50 m in eine Rinne abseilen und weiter im Schnee absteigen. Bei wenig Schnee kann diese Rinne auch vereist sein, und man sollte dann entsprechendes Abseilmaterial dabeihaben.
C6.5 bis C6.7 Am besten über den Höhkarsteig zurück zu den Einstiegen. Der Steig führt durch eine Steilwand und weist Schwierigkeiten ähnlich einem Klettersteig auf. Bei ungünstigen Verhältnissen ist es ratsam, auch beim Abstieg zu sichern.

„Solospieler"

C. Gasteiner Tal

C6. Böckstein – Anlauftal

Routen

C6.8	**Fenstergucker**	**bis 5**	**120 m**

1. Beg. Edi Koblmüller und Gef. am 22.2.1986.
Super Eisfall mit einer interessanten Eissäule im Mittelteil. Ideal um das Klettern in 90° steilem Eis kennenzulernen.

C6.9	**Federweiss-Fall**	**4**	**180 m**

1. Beg. Edi Koblmüller und Gef. am 19.2.1985.
Einer der beliebtesten Eisfälle des ganzen Tales, immer guter Eisaufbau bei kontinuierlicher Schwierigkeit. (120 m plus 60 m)

Ausrichtung N

Abstieg Direkt vom Ausstieg führt der Höhkarksteig nach rechts zurück zum Einstieg. Der Steig führt durch eine Steilwand und weist Schwierigkeiten ähnlich einem Klettersteig auf. Bei ungünstigen Verhältnissen ist es ratsam, auch beim Abstieg zu sichern.

C6. Böckstein – Anlauftal

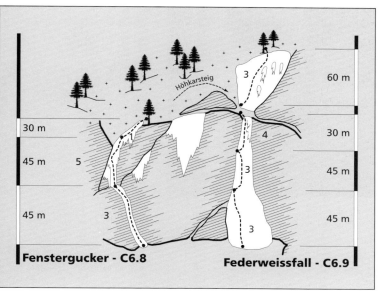

C. Gasteiner Tal

C6. Böckstein – Anlauftal

Routen

C6.10 **Seidenraupe** **5** **200 m**
1.Beg: Hans Zlöbl und Walter Pfeffer am 28.11.1993.
Wunderschöne, aber nur sehr selten begehbare Eisroute.

Ausrichtung N

Abstieg Am besten über den Höhkarsteig zurück zum Einstieg. Der Steig führt durch eine Steilwand und weist Schwierigkeiten ähnlich einem Klettersteig auf. Bei ungünstigen Verhältnissen ist es ratsam, auch beim Abstieg zu sichern.

Seidenraupe - C6.10

Rambo
Modular Eispickel

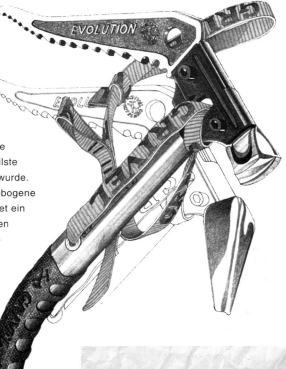

Ein Eisgerät, das
speziell für gefrorene
Wasserfälle und steilste
Couloirs entwickelt wurde.
Der ergonomisch gebogene
Ergal-Schaft gestattet ein
kraftsparendes Halten
des Geräts im senk-
rechten Gelände.
Das Modell wird
mit der Haue
"Evolution"
geliefert, die
am besten
für hartes
Wassereis
geeignet
ist.

GRIVEL
MONT BLANC
SINCE 1818

KRIMMER
Outdoor SYSTEMS GmbH
Raiffeisenstr. 4 · D-86567 Tandern

C. Gasteiner Tal

C6. Böckstein – Anlauftal

Routen

C6.11 **Rodeo (Projekt)** 250 m
Mehrere Versuche, bis Drucklegung jedoch keine vollständige Begehung bekannt.

C6.12 **Mordor** 5 300 m
1. Beg. Edi Koblmüller u. Gef. im Winter 1986.
Einer der großartigsten und imposantesten Eisfälle Österreich!
Obwohl der 5. Eisgrad nicht überschritten wird, sollte die Route nicht unterschätzt werden. Die Begehungszeiten variieren von 3,5 Std. bis zu 10 Std. Eine der ganz großen Routen des Tales!

C6.13 **Supervisor** 6 250 m
1. Beg. Josef Steinbacher jun. u. Hans Zlöbl am 18.1.1991.
Anhaltend schwieriger Wasserfall, der absolut zu den Top-Eisfällen Österreichs gehört. Die schwierigsten Seillängen bestehen meist aus Röhreneis und es bilden sich zumeist auch riesige Eisdächer, die zwar zum Großteil umgangen werden können, kürzere überhängende Stellen müssen jedoch meistens in großer Ausgesetztheit überwunden werden. Die Erstbegeher benötigten 8 h.
Bis zur Drucklegung sind keine Wiederholungen bekannt geworden. Es handelt sich hier um die derzeit vielleicht ernsthafteste Route im Tal, daher nur für echte Könner!

Abstieg Am besten über den Höhkarsteig zurück zum Einstieg. Der Steig führt durch eine Steilwand und weist Schwierigkeiten ähnlich einem Klettersteig auf. Bei ungünstigen Verhältnissen ist es ratsam, auch beim Abstieg zu sichern.

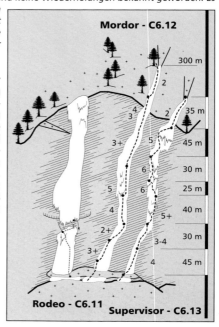

C6. Böckstein – Anlauftal

„Rodeo" (C3,11)

„Mordo" (links), „Supervisor" (rechts)

C. Gasteiner Tal

C6. Böckstein – Anlauftal

Routen

C6.14 und

C6.15 Gamsstubenfälle
Zwei ganz große Linien, die leider schon ab Anfang Jänner teilweise der Sonne ausgesetzt sind und sich bisher beharrlich gegen eine Begehung wehrten. Der bewaldete Rücken an dem die Eisfälle auslaufen wird "Gamsstube" genannt, die Länge der Fälle dürfte bei 400 - 500 m liegen (ohne Topo).

C6.16 Mauerblümchen 5+ 250 m
1. Beg. Sepp Inhöger u. Richard Ebner am 23.2.1986.
Großartiger Eisanstieg mit schwieriger Einstiegslänge. 5 +, ansonsten meist 3 bis 4 (ohne Topo).

Abstieg Vom Ausstieg nach links und an Bäumen bis auf den großen Absatz abseilen, anschließend orographisch rechts aus der Wand ausqueren.

"Mauerblümchen"

C6. Böckstein – Anlauftal

Zustieg	**C6.17** Von der Post in Böckstein ist der Wasserfall gut zu sehen. Von dort der Straße ins Anlauftal bis zur Scholzquelle folgen. Dort zweigt rechts ein schmaler Weg zum Hundeabrichteplatz ab, den man bis auf die "Planie"verfolgt, um dann durch einen steilen Wald zum Eisfall aufzusteigen. **C6.18** Vom Bahnhof (Autoverladung) im Anlauftal über den Bach und in ca 20 Minuten zum Eisfall.
Karte	ÖK 1:50 000 Blatt 155 oder Gasteiner Tal, Wagrain, Großarltal (WK 1:50 000 von freytag & berndt)
Ausrichtung	C6.17 N C6.18 SW

Routen

C6.17 **Reinfall** 4 **45 m**
1. Beg. Felix Kromer u. Gefährte am 17.1.1985.
Kurzer, jedoch ziemlich lawinensicherer Eisfall. (ohne Topo)

C6.18 **Dreikönigsfall** 4+ **120 m**
1. Beg. E. und R. Lackner und W. Siebert im Januar 1981.
Schöner und sehr markanter Eisfall. Oftmals extreme Lawinengefahr! (ohne Topo)

Abstieg	**C6.17** Von einem Baum über den Wasserfall abseilen, ein 45 m-Doppelseil ist erforderlich. **C6.18** In weitem Linksbogen zurück zum Einstieg.

D. Kaprun - Felbertauern

Neben dem Gasteiner Tal findet man hier am Nordrand des Nationparks Hohe Tauern die besten Eiskletterungsmöglichkeiten des Bundeslandes Salzburg.

Die eher kurzen Zustiege sollten jedoch nicht dazu verleiten, die meist sehr hohe Lawinengefahr dieser Gebiete zu unterschätzen.

Für Anfänger des Eisklettersports ist das Gebiet Stubachtal-Enzingerboden-Rudolfshütte (D2 und D3) am besten geeignet, da sich hier auch viele kurze Übungsfälle befinden.

Anreise	1. Über die A10 Tauernautobahn → Bischofshofen → St. Johann → Zell am See. Von dort mit Auto, Postbussen oder Eisenbahn zu den diversen Tälern. 2. Über Lofer nach Zell am See und von dort wie beschrieben weiter.
Unterkunft	Zahlreiche Hotels und Gasthöfe in Kaprun, Zell am See, Uttendorf und Mittersill und natürlich nicht zu vergessen das Alpinzentrum Rudolfshütte.

D. Kaprun - Felbertauern

Gebiete

D1 Felbertauern ....Seite 140
D2 Unteres Stubachtal.................................Seite 142
D3 Enzingerboden und Rudolfshütte ....Seite 144
D4 Sigmund-Thun-Klamm ....Seite 158

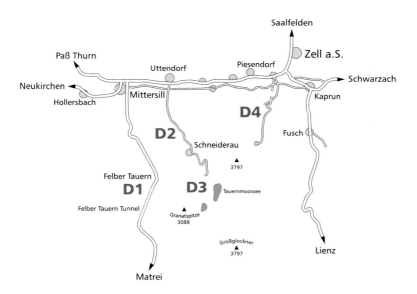

D1. Felbertauern

Zwei durchgehend schwierige Anstiege mit oft sehr röhrigem und schlechtem Eisaufbau. Häufig hohe Lawinengefahr!

Zustieg	Gleich hinter der letzten Galerie befindet sich ein Parkplatz (für ein Auto). Von diesem durch Tiefschnee hinab und zum Einstieg, ca. 20 min.
Karte	ÖK 152 Matrei
Ausrichtung	NOO

Routen

D1.1 - D1.2 Nordportalfälle 5 bis +5 130 m

Abstieg	Orografisch links an Bäumen abseilen; Doppelseil notwendig
Beste Zeit	Jänner - März

D1. Felbertauern

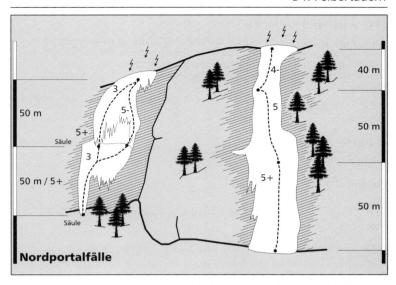

Nordportalfälle

D. Kaprun – Felbertauern

D2. Unteres Stubachtal

Durchgehend anspruchsvoller Wasserfall mit nicht zu unterschätzender Lawinengefahr. Die Hänge oberhalb der Geländestufe sind nicht einsehbar! Neben dem „Erlkönig" befinden sich noch zwei sehr lange (300 m) Wasserfälle, die jedoch nur selten begehbar sind, da die untere Stufe meist abreißt.

Zustieg	Über kleine Holzbrücke die Stubache queren und in ca. 5 min zum Einstieg.
Karte	ÖK 153 Grossglockner
Ausrichtung	N

Routen

D2.1	**Erlkönig**	**5-**	**150 m**

durchgehend anspruchsvoll mit keinesfalls zu unterschätzender Lawinengefahr.

Abstieg	Über Bäume rechts oder links des Eisfalls abseilen, Doppelseil vorteilhaft.
Beste Zeit	Jänner - März

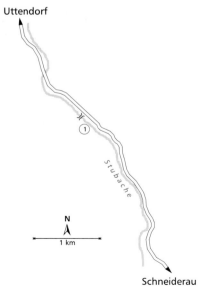

D2. Unteres Stubachtal

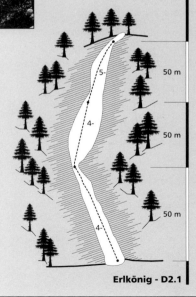

Erlkönig - D2.1

D. Kaprun – Felbertauern

D3. Enzingerboden und Rudolfshütte

In den Hohen Tauern, inmitten der Granatspitzgruppe, westlich des Großglockners, befindet sich das Alpinzentrum Rudolfshütte. Rund um diesen Stützpunkt finden sich einige Eisklettergebiete, welche aber auf Grund des hochalpinen Geländes viel Erfahrung voraussetzen. Besonders im Bereich der Grünseefälle ist die Einschätzung der Lawinengefahr in den Mittelpunkt der Tourenplanung zu stellen.

Anreise München - Paß Thurn - Mittersil - Uttendorf - Enzingerboden oder über Zell am See - Uttendorf.

Unterkunft Die auf 2300 m gelegene Hütte bietet Platz für ca. 200 Personen und ist von der Ausstattung her eher mit einem Hotel vergleichbar. Es gibt dort unter anderem eine riesige Indoorkletterwand, einen Boulderraum und eine Sauna.
Im Winter ist die Hütte von Mitte Dezember bis Ende April geöffnet.
Auskunft gibts unter der Nummer: (0043) 0 65 63/82 21.

Zustieg Vom Enzingerboden aus führt eine Gondelbahn direkt bis zur Hütte.

Karte ÖK 1:50 000 Blatt 153 Grossglockner

Ausrichtung je nach Lage verschieden

Gebiete

D3.A	Grünseefälle	Seite 146
D3.B	Sprengkogelfälle (nicht beschrieben)	
D3.C	Enzingerboden – Klausenwände	Seite 150
D3.D	Oststaumauer	Seite 154
D3.E	Weisseewände	Seite 154
D3.F	Eisbodenwände	Seite 155
D3.G	Olympiafall	Seite 154
D3.H	Ödenwinkelfälle	Seite 154

Abstieg siehe bei den einzelnen Gebietsbeschreibungen.

Beste Zeit Je nach Lawinengefahr

Sonstiges Bereits bei der Anreise gibt es bei Uttendorf (vor den Serpentinen auf der orografisch linken Seite) ca. 3 Eisfälle mit einer Länge von 2 bis 5 Seillängen und etwas gehobenen Ansprüchen. Siehe hierzu auch Seite 142.

D3. Enzingerboden und Rudolfshütte – Lagekarte

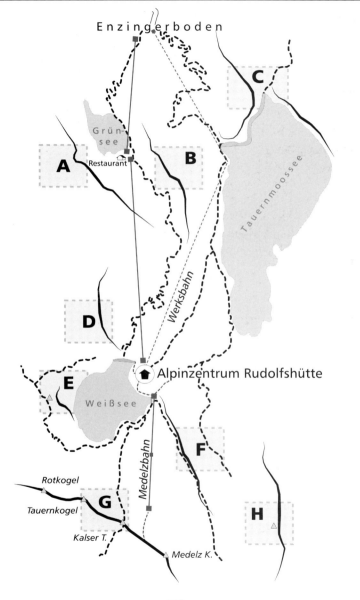

D. Kaprun – Felbertauern

D3.A Oberes Stubachtal – Grünseefälle

Hervorragende 100 - 200 m Routen mit durchwegs gutem Eisaufbau.
Sehr ernstzunehmende Unternehmungen mit erheblicher Lawinengefahr!
Je nach Eisverhältnissen existieren weitere Möglichkeiten im rechten Teil.

Zustieg Von der Seilbahn-Mittelstation am Grünsee steil in ca. 20 - 30 min zu den jeweiligen Wasserfällen.
Achtung, sehr oft erhebliche Schneebrettgefahr!

Karte ÖK 1:50 000 Blatt 153: Grossglockner

Ausrichtung NO

Abstieg Abseilpiste orografisch rechts der „*Gläsernen Madonna*" (D3.6).
Nach der erfolgreichen Begehung des „*Eiskanals*" (D3.3) an Eisuhren und alten Standplätzen abseilen.
Vom „*Eiswalzer*" (D3.1) über Eissanduhren abseilen, vom „*Guglhupf*" (D3.13) nach links (orografisch) absteigen oder entlang der Felswand an alten Ständen abseilen.

Beste Zeit Dezember - April

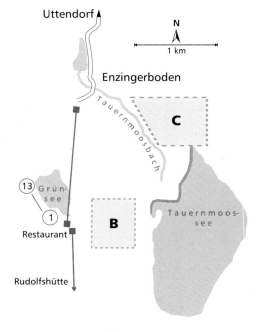

D3.A Oberes Stubachtal - Grünseefälle

Routen   siehe Topos Seite 148 und 149

D3.1	**Eiswalzer**	5+	130 m
D3.2	**Softy-Softy**	3	60 m
D3.3	**Eiskanal**	4	130 m
D3.4	**Schotteneinstand**	4-5,m	80 m
D3.5	**Schottenfeldgasse**	5-6,m	80 m
D3.6	**Gläserne Madonna**	4+/5-	220 m
D3.7	**Var. Kröll-Schrag-Münchenbach**	5+	180 m
D3.8	**Angst**	4-(6)	130 m
D3.9	**Zigeunerleidenschaft (Varianten)**	6, m (90°)	
D3.10	**Eisfreundschaft**	4+	150 m
D3.11	**Devils Dance**	4	150 m
D3.12	**diverse Varianten**	5-6, m (90°)	
D3.13	**Guglhupf**	4-	80 m

Georg Feitzinger in der Route »Angst«

D. Kaprun – Felbertauern

„Gläserne Madonna" (D3.6) und „Eisfreundschaft" (D3.10)

„Gläserne Madonna" (D3.6)

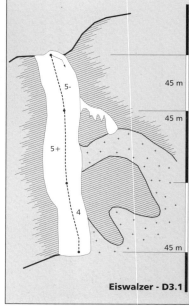

Eiswalzer - D3.1

D3.A Oberes Stubachtal – Grünseefälle

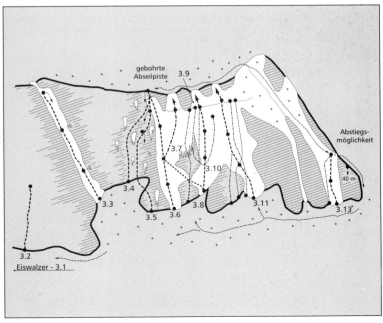

-149-

D3.C Oberes Stubachtal – Enzingerboden

Schöne Routen, die bei schlechten Verhältnissen am Grünsee gute Ausweichziele bieten.

Anreise	s. Seite 144
Unterkunft	direkt am Enzingerboden
Zustieg	**D3.14 bis D3.17** Vom Enzingerboden den Weg in die Klausen verfolgen, bis man den Tauernmoosbach überqueren kann und dann auf dem Gegenhang zum Einstieg ca. 1 h. **D3.18** Über die Staumauer des Tauernmoossees zum nordöstlichen Ende. Von dort an Bäumen zum Einstieg abseilen.
Karte	ÖK 1:50 000 Blatt 153: Grossglockner
Ausrichtung	W

Routen

D3.14	**Linker Klausenfall** *(Topo Seite 153)*	5+	150 m
D3.15	**Mittlerer Klausenfall** *(Topo Seite 153)*	4+	50 m
D3.16	**Rechter Klausenfall**	4	100 m
	Schöne Ausweichziele bei Schlechtwetter und Lawinengefahr bei den Grünseefällen.(Topo Seite 153)		
D3.17	**Holzhackerfall**	4	200 m
	Lange Genußtour mit steiler Einstiegsseillänge. (Topo Seite 153)		
D3.18	**Staumauerfall**	3+	90 m
	Nettes Ausweichziel bei Schlechtwetter. (Topo Seite 153)		

Abstieg	**D3.14 - D3.16** Abseilen über Bäume, Doppelseil unbedingt notwendig. **D3.17** Orografisch gesehen rechts an Bäumen abseilen. **D3.18** Keiner (siehe auch Zugangsbeschreibung)
Beste Zeit	**D3.14 - D3.16** Mitte Dezember - Februar **D3.17** Dezember bis März **D3.18** Jänner - März

D3.C Oberes Stubachtal – Enzingerboden – Übersichtskarte

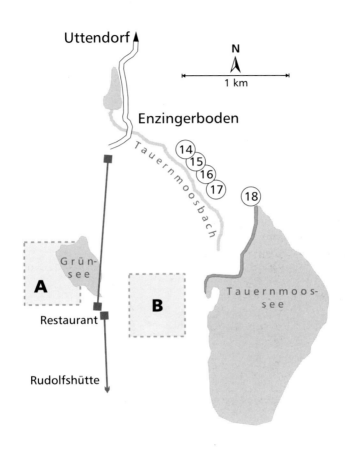

Christian Nedomlel im „Mittleren Klausenfall"

D3.C – Oberes Stubachtal – Enzingerboden

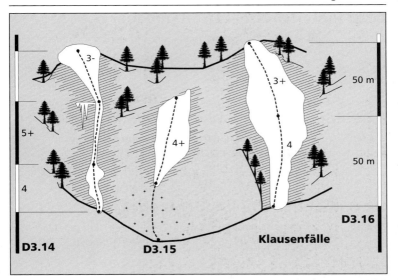

Klausenfälle

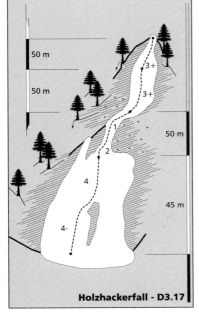

Holzhackerfall - D3.17

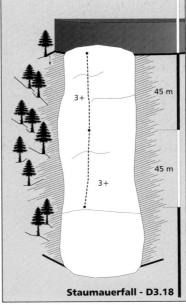

Staumauerfall - D3.18

D. Kaprun – Felbertauern

D3.D Rudolfshütte – Oststaumauer

Zustieg	Über die Weißensee Staumauer in wenigen Minuten zum „Eislutscher"
Karte	ÖK 1:50 000 Blatt 153: Grossglockner

D3.E Rudolfshütte – Weisseewände

Zustieg	Über den Weißensee nach Westen zum „Seewandfall".
Karte	ÖK 1:50 000 Blatt 153: Grossglockner

D3.G Rudolfshütte – Tauernkogel

Zustieg	Von der Medelz-Bergstation zum Kalser Tauern, dann die Hänge unterhalb des Tauernkogel querend zum Einstieg des „Olympiafalles".
Karte	ÖK 1:50 000 Blatt 153: Grossglockner
Abstieg	Über steiles Schneegelände absteigen
Beste Zeit	Dezember - April

D3.H Rudolfshütte – Ödenwinkelfälle

Zustieg	Hinab auf das Ödenwinkelkees und zu den deutlich sichtbaren Wasserfällen am Fuß der Hohen Riffel.
Karte	ÖK 1:50 000 Blatt 153: Grossglockner
Routen	Je nach Eisbildung verschiedene unterschiedlich schwierige Eisfälle
Abstieg	Über steiles Schneegelände absteigen
Beste Zeit	Dezember - April

Alle oben beschriebenen Wasserfälle sind Übungsfälle mit einer maximalen Höhe von ca. 50 m und Anforderungen bis zum 3. Grad.

D3.F Rudolfshütte – Eisbodenwände

Abwechslungsreiche Eis- und Mixedklettereien in Hüttennähe.

Zustieg	Von der Medelz Talstation nach Südosten absteigen oder abfahren. An zwei Abseilhaken 50 m abseilen.
Karte	ÖK 1:50 000 Blatt 153: Grossglockner
Ausrichtung	NO

Routen

D3.21	Eisträumer	60-80°, 4	70 m
D3.22	Schottisch-Österr. Freundsch.	5, m	120 m
D3.23	Renaultroute	m, R	80 m
D3.24	**Ungläubiger Thomas**	5-6, m	120 m
	Topo Seite 156		
D3.25	**Taff-Taff**	75-80°, 4	60 m
D3.26	**Lambada**	75-80°, R	80 m
D3.27	**Diverse Mixedclimbs**		

Abstieg	Über steiles Schneegelände absteigen
Beste Zeit	Dezember - April

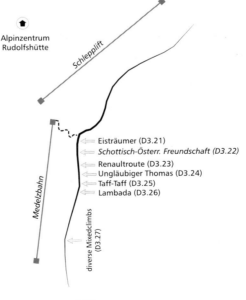

D. Kaprun – Felbertauern

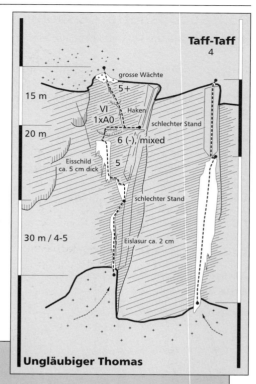

Taff-Taff 4

Ungläubiger Thomas

Panico
DER EISSPEZIALIST

Klettern in den Stubaier Alpen
von Andi Orgler

Neben den Felsklettereien im Stubaital und im benachbarten Valsertalkessel beschreibt Andi Orgler im über 40-seitigen Eiskletterteil sämtliche Eiskletterein im Stubaital und im Sellrain, den beiden traditionsreichen Tiroler Eiskletterrevieren. Für Eisfreaks zwingend.

Format 185 x 120, 176 Seiten, 34.80 DM

Express Ice Screw

Die Kombination von langjähriger Erfahrung in der Metallverarbeitung, mit dem grossen Technologiewissen und dem tiefen Verständnis für das Steileisklettern haben Black Diamond erlaubt, eine Eisschraube zu konstruieren, die auch im härtesten Eis schnell greift. Neu auf diesen Winter haben wir einen herausklappbaren Hebel hinzugefügt, der es ermöglicht die Black Diamond Eisschraube noch schneller und einfacher zu plazieren - mehr Kraftreserven, mehr Sicherheit.

BLACK DIAMOND™
EQUIPMENT AG

READY WHEN YOU ARE...
EIN GRATISEXEMPLAR UNSERES KATALOGES ERHALTEN SIE BEI:
BLACK DIAMOND EUROPE
CHRISTOPH MERIAN RING 7
CH-4153 REINACH (BL)
SCHWEIZ
TEL. 0041 61 71 31 61 0
FAX 0041 61 71 31 61 1
E-MAIL bdeurope@bdel.com

D. Kaprun – Felbertauern

D4. Kaprun – Sigmund-Thun-Klamm

Die Thun-Klamm in Kaprun ist ein phantastisches Eisreservoir, das auf engstem Raum viele Touren mittlerer und hoher Schwierigkeit bietet. Obwohl nur 40 bis 50 m tief, bietet die Klamm alles was das Eiskletterherz begehrt. Alle Routen können Toprope gesichert werden. Besondere Leckerbissen wie „Zombi" und „Reveleation" warten auf eine Begehung. Beide fordern sicherungstechnisch einiges. Es gilt freihängende, teilweise äußerst fragile Eiszapfen zu überwinden, welche auf den ersten 15 Klettermetern bereits ca. 5m ausladen und für eine sinnvolle Sicherung unbrauchbar sind. Am Ende des stark überhängenden Teils sollte man im „Zombi" eher vorsichtig sein, da hier die Eisgeräte über einige Meter nur zum Cliffen verwendet werden.

Anfahrt	Kurz hinter Kaprun (Zell a. S.) südlich haltend in Richtung Kitzsteinhorn, zur Talstation der Maiskogel-Seilbahn und dort parken.
Zustieg	Auf beschilderter Straße in ca. 10 min bis zur Brücke, welche über die Klamm führt. Hier sind die meisten Routen bereits einsehbar. Mit DS Möglichkeit zum Abseilen in die Klamm.
Karte	ÖK 1:50 000 Blatt 123: Zell am See
Ausrichtung	Unterschiedliche Richtungen

Routen

D4.1	Übungsgelände (Möglichkeiten von 1-4, o. T.)	Seite 160
D4.2	Schauuu (5)	Seite 160
D4.3	Kerze (5, Topo S. 162)	Seite 160
D4.4	Reveleation (6+/7-, Topo S. 162)	Seite 160
D4.5	Zombi (7-, Topo S. 162)	Seite 160
D4.6	Hallo (ohne Topo)	
D4.7	Ciau (ohne Topo)	
D4.8	Transwelt (4, Topo S. 163)	Seite 160
D4.9	Aufzug (4, Topo S. 163)	Seite 160
D4.10	Afrika (ohne Topo)	
D4.11	Zong (3+, Topo S. 164)	Seite 160
D4.12	Traumsprung (5+, Topo S. 164)	Seite 160
D4.13	Zeittunnel (4, Topo S. 165)	Seite 160
D4.14	Spaß Sport (5+, Topo S. 166)	Seite 161
D4.15	Sonnentempler (5-, Topo S. 166)	Seite 161
D4.16	Zepp (5+, kein Topo)	Seite 161

Abstieg	In weitem Rechtsbogen zurück zum Einstieg.
Beste Zeit	Guter Tip für die Monate Januar bis März.

D4. Kaprun – Sigmund -Thun-Klamm – Lageskizze

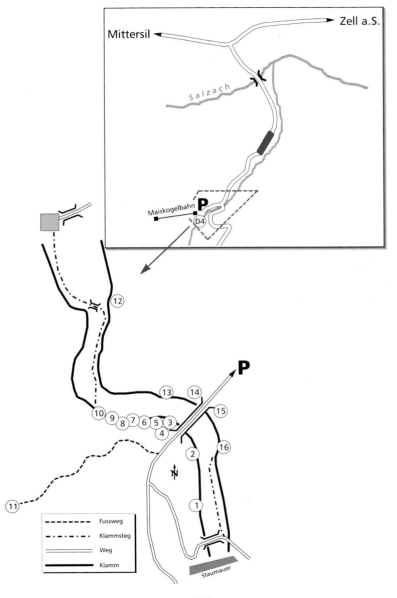

D4. Kaprun – Sigmund-Thun-Klamm

Routen

D4.1	**Übungsgelände**		

Verschiedene Möglichkeiten zwischen 1 und 4 (ohne Topo)

D4.2   **Schauuu**   5   30 m
1. Solobegehung Roland Norcen am 31.1.1997

D4.3   **Kerze**   5   35 m
1. Begehung unbekannt. Sehr genußreiche, freistehende Säule, welche meist gutes, jedoch kaltes Eis bietet.

D4.4   **Reveleation**   6+/7-   35 m
Roland Norcen am 15.2.1997. Diese Route ähnelt sehr der Route „Zombi". Das Eis ist jedoch wesentlich fester und dadurch sicherbarer.

D4.5   **Zombi**   7-   35 m
1. Begehung durch Roland Norcen am 9.2.1997 mit zuvor gesetzten Zwischensicherungen. Die Route hängt auf den ersten 15 m ca. 5 m über. Man klettert dabei über schlecht sicherbare, fragile freihängende Eiszapfen, bis man in angenehmes, kompaktes Senkrechteis kommt.

D4.6   **Hallo**
(ohne Topo)

D4.7   **Ciau**
(ohne Topo)

D4.8   **Transwelt**   4   30 m
1. Vorstiegsbegehung durch Roland Norcen und Peter Lagler am 15.2.1997. Sehr schöne Seillänge in kompaktem Eis.

D4.9   **Aufzug**   4   40 m
1. Vorstiegsbegehung durch Roland Norcen am 9.2.1997. Nette Länge in äußerst gutem Kompakteis mit zwei kurzen, steileren Stücken.

D4.10   **Afrika**
(ohne Topo)

D4.11   **Zong**   3+   120 m
1. Solobegehung durch Roland Norcen am 19.2.1997. Meist kompaktes Eis.

D4.12   **Traumsprung**   5+   30 m
1. Solobeg. Roland Norcen am 17.2.1997. Markante freistehende Säule.

D4.13   **Zeittunnel**   4   40 m
1. Solobeg. Roland Norcen am 19.2.1997. Meist kompaktes Eis.

D4. Kaprun – Sigmund-Thun-Klamm

D4.14 **Spaß Sport** 5+ 35 m
1. Solobegehung durch Roland Norcen am 19.1.1997. Zu Beginn eine ca. 10 m hohe, fragile, freistehende Röhreneissäule. Der Rest besteht aus senkrechtem, röhrigem Eis.

D4.15 **Sonnentempler** 5- 45 m
1. Vorstiegsbegehung durch Harald Berger und Roland Norcen am 2.2.1997. Sehr schöne Route, welche sich zum Mittag hin in der Sonne befindet.

D4.16 **Zepp** 5+ 50 m
1. Vorstiegsbegehung Roland Norcen, Harald Berger am 2.2.1997. Schlüsselstelle der Route ist eine 10 m hohe Säule, welche sich zum Boden hin auf 20 cm Durchmesser verjüngt. (ohne Topo)

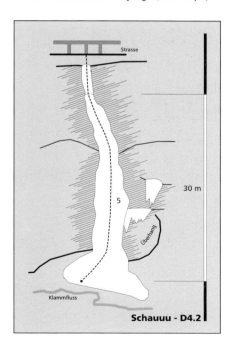

D. Kaprun – Felbertauern

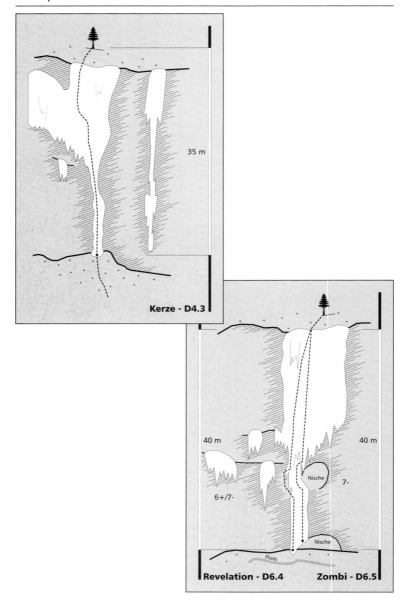

D4. Kaprun – Sigmund-Thun-Klamm

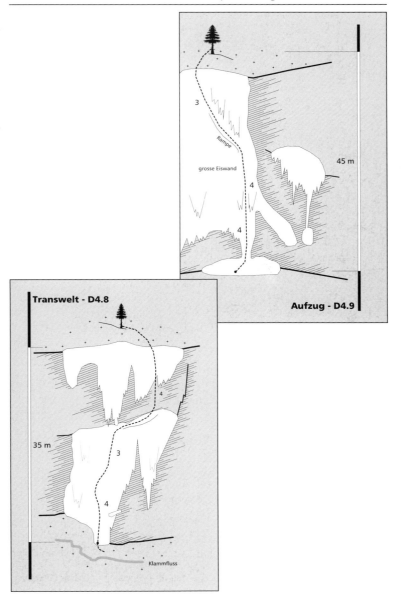

D. Kaprun – Felbertauern

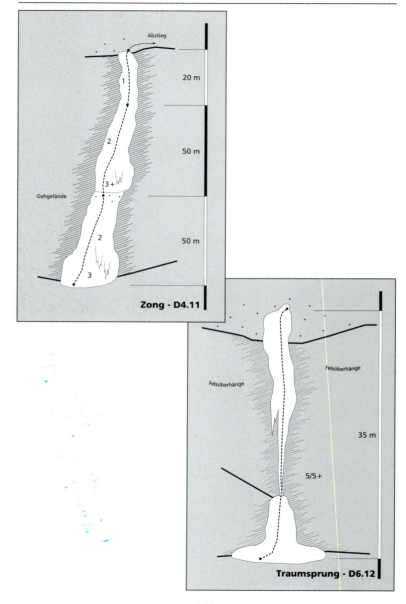

D4. Kaprun – Sigmund-Thun-Klamm

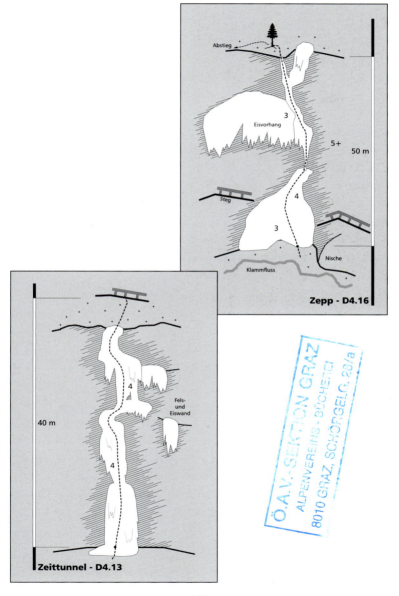

D. Kaprun – Felbertauern

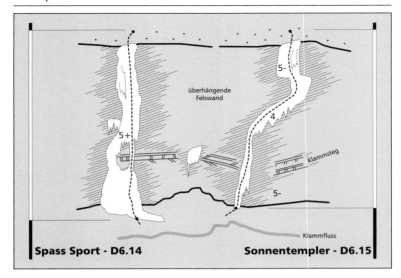